ZOUJIN WENYANWEN

# 走进文言文

## 动物小古文100篇

杨振中 编写



上海远东出版社

**图书在版编目(CIP)数据**

走进文言文.动物小古文100篇/杨振中编写.
—上海:上海远东出版社,2021
ISBN 978-7-5476-1713-7

Ⅰ.①走… Ⅱ.①杨… Ⅲ.①文言文—初中—
教学参考资料 Ⅳ.①G634.303

中国版本图书馆CIP数据核字(2021)第115184号

**责任编辑** 张喜梅

**封面设计** 李 廉

**走进文言文.动物小古文100篇**
杨振中 编写

**出 版** 上海远东出版社
(200235 中国上海市钦州南路81号)
**发 行** 上海人民出版社发行中心
**印 刷** 南通市先锋印刷有限公司
**开 本** 787×960 1/16
**印 张** 14
**字 数** 256,000
**版 次** 2021年9月第1版
**印 次** 2021年9月第1次印刷
ISBN 978-7-5476-1713-7/G·1100
**定 价** 39.00元

# 编写说明

一、本书所写动物故事，大多出于古籍，但都作了修改，任何个人或者机构不能随意引用。

二、书中所写动物，有善良的，有凶恶的，不管善良与凶恶，其故事都可用来借鉴。

三、书中不少动物，虽然现已列入国家保护条例，但古人猎取野兽，是为了生存，所以在这一点上不要苛求他们。

四、这是一本文言文启蒙读物，文字较浅近，是教学或自学的辅助材料。

五、本书在“注释”部分，少数有重复现象，意在让读者加深印象，牢牢掌握这个词或词语。部分词或词语，仅解释它的一两个义项，不作全面介绍。

六、参与本书收集材料与编写的，有杨璞、王志萍、王明江、郭春君、郭铭、杨夏川、王志喜、杨夏栋、杨燕等十多人，谨表敬意。

七、本书由沈兆俊提供插图。

八、书中如有纰漏，敬请读者指正。

# 目　录

# 1 孙叔敖杀两头蛇

孙叔敖，楚[①]之令尹[②]也，治国有功，楚人咸誉之。其幼时，尝出游[③]，见两头蛇[④]，杀而埋之。归而泣。其母问其故，叔敖对曰："吾闻之，见两头蛇者死。向者吾见之，恐去母而死也。"母曰："蛇今安在？"曰："恐他人又见，杀而埋之矣。"母曰："尔有阴德[⑤]，神必佑之，毋忧也。"

## 注释

① 楚：楚国。 ② 令尹：楚国国相称"令尹"。 ③ 游：游玩。 ④ 两头蛇：指一条蛇有两个头。 ⑤ 阴德：暗中积德。这是迷信的说法。

## 小知识

1. 孙叔敖杀两头蛇，目的在于不让别人再看到它。其善良的心地与举动，应该受到称赞。

2. 释"向"。它意为"刚才""早先"或"从前"。上文"向者吾见之"，意为"刚才我看见了那条两头蛇"。又，"向吾尝游泰山"，意为"早先我曾游览泰山"。又，"向其嗜赌，今则改之"，意为"从前他爱赌博，如今已改正"。

## 训练

1 解释加点的词。

① 功________ ② 咸________ ③ 尝________ ④ 泣________

⑤ 故________ ⑥ 去________ ⑦ 佑________ ⑧ 毋________

2 翻译。

① 恐去母而死也

________________________________________

② 蛇今安在

________________________________________

3 读了这则故事,你觉得孙叔敖身上有什么优秀品质?

________________________________________

________________________________________

# 2 越人溺鼠

鼠好夜窃粟。越人置粟于盎[1]。鼠恣啮，且呼群类入焉。月余，粟且尽，主人患之。人教以术，以糠[2]易粟，浮于水面。鼠不知，是夜复来，欣欣然入，不意咸溺死。人之智竟胜于狡鼠。

## 注释

① 盎(àng)：陶制的盛器，如缸、甏之类。 ② 糠：谷物的表皮。

## 小知识

1. 人的智慧终究胜过老鼠。也就是俗话所说的，再狡猾的狐狸也逃不过猎人的眼睛。

2. 释“且”。上文“粟且尽”中的“且”，解释为“将”，意为“粮食将被老鼠吃完”。又，“天且暮，未见妻归”，意为“天将晚，没见妻子回家”。又，“人且死，何财为”，意为“人将要死了，还要财产干什么”。

## 训练

1 解释加点的词。

① 好________ ② 置________ ③ 恣________ ④ 啮________

⑤ 易________ ⑥ 竟________

2 翻译。

① 主人患之

② 人教以术

3 你从上文越人的做法中明白了什么道理？

# 3 解铃还须系铃人

金陵①法灯禅师②，性豪放，众易之。法眼独契重。法眼一日问众：“虎项金铃，是谁解得？”众皆无以对。其时，适法灯至。法眼以前语问，法灯不假思索曰：“系者解得。”法眼曰：“汝辈轻渠③不得。”

## 注释

① 金陵：古城名。 ② 禅(chán)师：对和尚的尊称。 ③ 渠：他。

## 小知识

1. 老虎项上的金铃谁能把它解下来？这的确是个难题。法灯回答得十分巧妙：谁把它系上去的，谁就能把它解下来。难题轻而易举地解决了。

2. 释“项”。它是指脖子的后部。又，“伤虎项”，意为“击伤了老虎的脖子”。

3. 释“辈”。上文“汝辈轻渠不得”中的“辈”，指多数。“汝辈”解释为“你们”。又，“吾辈皆汉人”，意为“我们都是汉族人”。

## 训练

1 解释加点的词。

① 易________ ② 重________ ③ 对________ ④ 适________

2 翻译。

① 法灯不假思索曰

______

② 系者解得

______

3 谈谈你对“解铃还须系铃人”的理解。

______

______

# 4 盗　牛

有盗牛而为拘者，其熟人过而问曰：“汝何为拘？”云：“晦气[①]。”复问：“晦气何能自来？”曰：“适于街上信步，见地有一草绳，以为有用，遂拾之。”问曰：“然则罪何至此？”复对曰：“绳头还有一牛。”问者愕然。明是窃牛，而强词夺理。牛主讼于官，遂拘十日。

## 注释

① 晦气：倒霉的运道。这是迷信的说法。

## 小知识

1. 现在有些网上骗人钱财的人，被警方抓获后还百般狡辩。这多么像上文中的盗牛贼。

2. 释“信”。文言文中的“信”有好多解释，如“书信”“真实”“守信用”等。上文“信步”中的“信”，指“随意”“随便”，“信步”意为“随意走走”。又，成语“信口开河”，意为“随便乱说，像决堤的河没阻拦”。又，“信手拈来”，意为“随手拿来”。

## 训练

1 解释加点的词。

① 为________　② 复________　③ 对________　④ 愕________

2 翻译。

① 汝何为拘

________________

② 牛主讼于官

________________

3 你从上面这则故事中得到了什么启示？请用简洁的话表述出来。

________________

________________

# 5 鹿亦有灵

李氏者，以伐薪为生。一日，于山坳得一鹿仔[①]，携家喂养。鹿稍大，甚驯，见人则“呦呦”鸣。其居户外皆山，鹿出，至暮必归，众皆爱之。时值秋祭[②]，例用鹿。官府督猎者甚急，限期送上。然旬日[③]间无所获，乃向李氏求假之。李氏不与。固请之。李氏迟疑曰：“待吾与妻儿议后而定。”是夜鹿去，永不归。李氏深悔之。

## 注释

① 仔：幼小的动物。 ② 祭：此指祭祀天地神灵。 ③ 旬日：十天。

## 小知识

1. 按常规，县官在秋天要用鹿祭祀天地神灵，于是督促猎人按时送上。可猎人一时捕不到鹿，这不是要得罪县官吗？于是他向李氏借鹿，用来应付上司。岂料这鹿有灵性，知道将被宰杀，就在夜里逃跑了。

2. 释“稍”。上文“鹿稍大”中的“稍”，指“渐渐地”，句意为“鹿渐渐地长大”。又，“儿稍长，则去家为佣”，意为“儿子渐渐长大，就离家去外面打工”。又，“木稍高，鸟巢焉”，意为“树渐渐长高，鸟便在上面筑巢”。

3. 释“无所”。上文“无所获”，意为“一点也没收获”，指没有捕到鹿。又，“吾无所忧”，意为“我一点也不担忧”。又，“家贫，无所食”，意为“家里穷困，一点吃的东西也没有”。

## 训练

1 解释加点的词。

① 伐________ ② 驯________ ③ 值________ ④ 例________

⑤ 与________ ⑥ 固________

2 翻译。

乃向李氏求假之

________________________________________

3 这则故事给我们的启示是什么？

________________________________________

________________________________________

# 6 公孙仪不受鱼

公孙仪[①]为鲁相[②]，嗜鱼。举国尽买鱼献之。公孙仪不受，其弟子[③]谏曰："子嗜鱼而不受者，何也？"对曰："唯嗜鱼，故不受。若受鱼，必有下人[④]之色；有下人之色，将枉于法；枉于法，则免于相。虽嗜鱼，吾不为相，彼必不能长与我鱼，我又不能自得鱼。无受鱼，不免于相，我能自市鱼。"弟子皆善其言。

## 注释

① 公孙仪：复姓公孙，名仪。 ② 鲁相：鲁国国相。 ③ 弟子：门徒。 ④ 下人：迁就对方。

## 小知识

1. 公孙仪的推断，合乎逻辑。俗话说：拿了人家的手短，吃了人家的嘴软。所谓"手短"，意为"手段不硬"或"办事不公正"。所谓"嘴软"，意为"说话不硬"，不能坚持真理。事实的确如此。有些当官的，受贿后即使对方犯法，也要为对方说情；吃了对方的高档食品，即使对方有错，也要设法为对方隐瞒，或大事化小事。

2. 释"嗜"。它指"爱好"。"嗜鱼"，即"爱好吃鱼"。又，"嗜书"，意为"爱好读书"。又，"嗜赌"，意为"爱赌博"。

3. 话说"鱼"。鱼是南方人常吃的食物，因为南方河流较多，而北方河流较少，鱼出现在餐桌上的时候也就少了许多。古代能经常有鱼吃的，大多为富裕人家，一般贫穷人家是不常吃的。

## 训练

1 解释加点的词。

① 举________ ② 子________ ③ 对________ ④ 彼________

⑤ 市________

2 翻译。

① 枉于法

________________________________________

② 弟子皆善其言

________________________________________

3 公孙仪为什么将“受鱼”与“枉法”联系在一起？这表现了他什么样的品格？

________________________________________

________________________________________

# 7 牧竖拾金分心

有牧竖①，敝衣蓬首赤足，日驱牛羊牧冈间，讴而乐，意惬②甚，牧亦善。一日，拾遗金一饼③，纳于袖中。自是歌声渐歇，牛羊亦时逸，心患失金。斯乃为金所累也。或曰："尔当觅失金者还之。"牧竖遂从之。未久，觅得失金者，遗金者欲分其半酬之。牧竖婉拒之。于是仍牧牛羊，心乐也，牛羊亦肥健，主人爱之。

## 注释

① 牧竖：牧童。 ② 惬(qiè)：畅快。 ③ 一饼：一块。

## 小知识

1. 一块金子害了牧竖，歌不唱了，牛羊也跑了。主人当然要责备他。拾金看来是好事，但得不偿失。后来他找到失主，归还金子，仍放牧牛羊，牛羊长得很健壮，因而主人很喜爱他。

2. 释"敝"。它指"破旧"等。上文所说的"敝衣"，指"破旧的衣服"。又，"庐敝，不得居"，意为"屋子已破旧，不能再居住了"。又，"此锄已敝，该市新者"，意为"这锄头已破旧，应该买新的"。

3. 释"斯"。上文"斯乃为金所累也"中的"斯"，指"这"。又，"斯人善，与吾交近十年"，意为"这个人善良，跟我交往将近有十年"。又，"斯肉已腐，不可食"，意为"这肉已腐败，不能吃了"。

## 训 练

1 解释加点的词。

① 驱________ ② 讴________ ③ 遗________ ④ 纳________

⑤ 觅________

2 翻译。

① 牛羊亦时逸

________________________________________

② 遗金者欲分其半酬之

________________________________________

3 牧竖“歌声渐歇，牛羊亦时逸”的原因是什么？这篇文章给我们什么启示？

________________________________________

________________________________________

# 8 猴　　弈

西域有二仙，弈① 于山中树下，一老猴于树上日窥其运子之法，因得其巧。国人闻而往观，仙者遁② 去，猴即下与人弈，遍国中莫能胜之。国王以为奇，献于帝，上③ 诏能弈者与之较，皆莫能敌。或言杨靖善弈——时杨靖以事系于狱，诏释出之。靖请以盘贮桃，置于猴前，猴心牵于桃，无心弈，遂败。

## 注释

① 弈：下棋。　② 遁：此指隐去。　③ 上：指皇帝。

## 小知识

1. 猴子是极聪明的动物，能学各种动作，所以有人以耍猴为生。

2. 话说“古代的围棋”。围棋在春秋时期已流行，到了唐朝已定型为今天的纵横 19 道，361 个点。它最初叫“弈”，“弈”也作动词用，指“下围棋”。从文字记载看，我国第一个围棋大师名叫“秋”，故世称“弈秋”。“围棋”这个名词在西汉以后出现。从魏晋时代起，上至皇帝、贵族，下至平民百姓，都喜欢下围棋。

3. 释“窥”。“窥”指“偷偷地看”“悄悄地看”，有时也指一般地看。上文“猴于树上日窥其运子”中的“窥”，指“悄悄地看”，因为猴子是不敢大模大样地看仙人下棋的。又，“盗窥其室”，意为“贼偷偷地察看他的房间”。

## 训练

1 解释加点的词。

① 巧________ ② 诏________ ③ 较________

2 翻译。

皆莫能敌

________________________________________

3 读了这则寓言故事，你受到了什么启发？请你简要回答。

________________________________________

________________________________________

# 9 羔羊求情

邠州[①]有屠者，姓安，名育。家有牝[②]羊并羔。年末，欲宰牝，方缚，其羔忽向安双跪前足，两目流涕。安惊异良久，遂致置刀于地，呼仆宰。及回，视刀，仆觅之，乃为羔衔去，致墙根下，而卧其上。仆遍索方得。安曰："羊也有情，吾不忍杀之。"翌年，安妻暴病，牝羊衔草药予安。安为妻治之，未逾月即愈。或曰："此牝羊之功也。"

## 注释

① 邠(bīn)州：古地名。 ② 牝(pìn)：雌性的(鸟兽)。

## 小知识

1. 这则寓言告诉人们，人有母子之情，动物也有。俗话说"虎不食子"，意为"老虎即使饥饿也不会吃自己的幼崽"。

2. 释"宰"。它指"屠杀牲口"。上文有两个"宰"字，都指"杀"。又，"杀鸡宰鸭"，其中"杀"与"宰"是同义词。又，"屠夫日宰猪二头售之"，意为"屠夫每天杀两头猪出卖"。又，"此蛇有毒，该宰"，意为"这是毒蛇，应该杀掉它"。

3. 释"仆"。上文两个"仆"，都指"仆人"，也称"雇工"。又，"待仆如亲人"，意为"对待佣工如同亲人"。又，"仆不辞而别"，意为"佣工不告别就走了"。

## 训练

1 解释加点的词。

① 方________ ② 涕________ ③ 觅________ ④ 为________

⑤ 暴________

2 翻译。

① 安惊异良久

________________________________________

② 未逾月即愈

________________________________________

3 写出两个与羊有关的成语。

________________________________________

________________________________________

# 10 诸葛恪得驴

诸葛恪(kè)父瑾[①],脸长如驴[②]。孙权[③]大会群臣,使人牵一驴入,上书其脸,曰:“诸葛子瑜[④]。”恪跪曰:“乞笔益两字。”因听与笔。恪续其下书“之驴”二字。举坐皆欢笑。权乃以驴赐恪。二字千银,恪之智慧超人。

## 注释

① 瑾:指诸葛瑾。 ② 驴:此指驴的脸。驴的脸狭长,孙权借此来调侃诸葛瑾。③ 孙权:吴国君主。 ④ 子瑜:诸葛瑾(诸葛恪父亲)的字。

## 小知识

1. 孙权本想调侃诸葛瑾,结果被诸葛恪轻易化解了。

2. 释“乞”。它指“求”“求取”。上文“乞笔”,意为“请求给我笔”。又,“吾乞得一良犬”,意为“我求取到一条好狗”。又,“人有贫而乞者”,意为“有人因为贫困而乞求”。又,“佯为乞,实乃骗也”,意为“假装乞讨,其实是骗子”。

3. 释“书”。上文“恪续其下书”中的“书”,指“写”。又,“其书对联,人竞市之”,意为“他写的对联,人们争着买”。又,“其书不工”,意为“他写的字不好”。又,“邻不识字,其信吾代书之”,意为“邻居不识字,他的信是我代写的”。

## 训练

1 解释加点的词。

① 会________ ② 益________ ③ 听________

2 翻译。

举坐皆欢笑

______________________________________________

3 从这个故事中可以看出诸葛恪是个什么样的人？这个故事告诉我们一个什么道理？

______________________________________________

______________________________________________

# 11 笼中鹦鹉

有富商段姓者，畜一鹦鹉，甚慧，能迎客与诵诗。段剪其两翅，置于雕笼。熙宁①六年，段忽系狱②。及归，问鹦鹉曰："吾半载在狱，极其怨苦。汝在家有人喂养，何其乐耶！"鹦鹉曰："君半载在狱，早已不堪，吾多年在笼，何乐可言？"段大感悟，即日释之。

## 注释

① 熙宁：宋神宗的年号。　② 系狱：囚禁于牢狱，坐牢。

## 小知识

1. 姓段的因事被关进监狱，仅半年已困苦不堪。他没有想过鹦鹉被关在笼子里多年，毫无自由，比主人更痛苦。裴多菲有诗曰："生命诚可贵，爱情价更高。若为自由故，二者皆可抛。"看来自由比什么都可贵。

2. 释"载"。上文说的"半载"，即"半年"。又，"五载未归"，意为"五年未回来"。又，"吾去家已十载"，意为"我离家已十年"。

3. 释"堪"。它指"忍受"。上文"早已不堪"，意为"早已不能忍受"。又，"鞋已破旧不堪"，意为"鞋子已经破旧不能穿"。又，"多年重病，痛苦不堪"，意为"多年重病，痛苦难以忍受"。

## 训 练

1 解释加点的词。

① 畜________ ② 慧________ ③ 系________ ④ 释________

2 翻译。

① 置于雕笼

________________________________________

② 何其乐耶

________________________________________

3 写出两个与鸟有关的成语。

________________________________________

________________________________________

# 12 华秋匿兔

华秋幼丧父，事母以孝闻。家贫，以佣为生。比母终，庐于墓侧，负土成坟。大业[①]初，郡县大猎。有一兔，为人逐之，奔入秋庐中，匿秋膝下。猎人至庐，异而免之。自此，兔常宿于庐中，驯如亲人。后群盗起，常往来庐之左右，咸相诫曰："勿犯孝子。"乡人赖秋以活。

## 注释

① 大业：隋炀帝杨广的年号。

## 小知识

1. 华秋孝顺母亲，在母亲坟旁盖了草棚，终年守护母亲的坟墓，所以被人称为孝子，连强盗也不侵害他。

2. 释"比"。上文"比母终"中的"比"，指"等到"。又，"比至河滨，敌已去"，意为"等到追到河边，敌人已经逃跑了"。又，"比雨，则植树"，意为"等到下雨了，就种树"。

3. 释"庐"。上文说的"庐"，指"屋子"，实际为"草棚"。又，"吾庐于村北"，意为"我的住屋在村庄的北面"。又，"邻人之庐，为大风所倾"，意为"邻居家的屋子，被大风吹倒"。

## 训练

1 解释加点的词。

① 佣________ ② 侧________ ③ 负________ ④ 匿________

⑤ 咸________

2 翻译。

① 为人逐之

______________________________

② 乡人赖秋以活

______________________________

3 华秋的孝行有什么影响？（用文中原句回答）

______________________________

______________________________

# 13 黠　狼

有车夫载重上坡，方竭力时，一狼来啮其臀[①]，欲释手，则货敝[②]压身，忍痛推之。既上，则狼已龁片肉而去。未久，有猎者过，见狼射之，亦伤其臀。狼不得速行，遂为猎者所获。

## 注释

① 臀：俗称“屁股”。　② 敝：坏，摔坏。

## 小知识

1. 上文所述好比古人所说的“螳螂捕蝉，黄雀在后”，意为“螳螂在前面想捕蝉，然而黄雀却在后面要啄螳螂”。那狼十分狡猾，乘车夫上坡时，啃了车夫一块肉，但之后却被猎人射中捕获。

2. 释“竭”。上文“方竭力时”中的“竭”，指“用尽”，句意为“正当用尽力气的时候”。又，“儿不慎落水，父竭力曳之上”，意为“孩子掉在水里，父亲用尽力气把他拉上来”。又，“天旱，农夫竭力井中取水”，意为“天旱，农夫用尽力气从井中打水”。

## 训练

1 解释加点的词。

① 释________　② 既________

2 翻译。

① 狼已龁片肉而去

______________________________

② 遂为猎者所获

______________________________

3 这个故事中狼的行为可以用什么成语来概括？

______________________________

______________________________

# 14 杀驼破瓮

昔有一人，瓮[1]中盛谷。骆驼入头瓮中食谷，首不得出。既不得出，主人以为忧。有一老者来语之，曰："汝莫愁，吾有术[2]教汝出之。汝当斩其首，自能出之。"主人即以其术，以刀砍头。既杀驼，复破瓮。如此痴人，为世人所讥。

## 注释

① 瓮(wèng)：一种口小腹大的盛器。　② 术：方法。

## 小知识

1. 这是一则笑话，讽刺有的人做事草率，不动脑子。那骆驼的主人，对别人的指点，不加思考，一律照办，结果杀死了骆驼，又打破了瓮，一举两失，愚蠢之极。

2. 释"术"。上文两次出现"术"字，都解释为"方法"。"吾有术"，即"我有办法"；"即以其术"，意为"就按照老者的方法"。又，"其术无效"，意为"他的方法没效果"。

## 训练

1 解释加点的词。

① 昔________　② 盛________　③ 首________

2 翻译。

① 吾有术教汝出之

______________________________

② 为世人所讥

______________________________

3 试着分析一下这个故事的寓意。

______________________________

______________________________

# 15 “蛇衔草”的由来

昔有田父[①]耕地，值见伤蛇焉。又有一蛇，衔草著[②]创上，竟日伤蛇行。田父取其草之余，以治伤，皆有验。本不知草名，因以“蛇衔草”命其名。《抱朴子》[③]云：蛇衔草能续已断之指[④]如故。是也。

## 注释

① 田父：农夫。 ② 著（zhuó）：安放。 ③《抱朴子》：晋朝人著的一部医书。④ 指：指手指。

## 小知识

1. 古人治伤或病，除了针灸外，多用中草药。李时珍著有《本草纲目》，对后代中医很有用。至于“蛇衔草”是否能治伤，有待查考。

2. 释“焉”。上文“见伤蛇焉”中的“焉”，意为“在那里”。又，“见虎焉”，意为“看到老虎在那里”。在多数情况中，它作句末助词用，无义。

## 训练

1 解释加点的词。

① 值________ ② 创________ ③ 余________ ④ 验________

⑤ 云________

2 翻译。

蛇衔草能续已断之指如故

______________________________

3 通过这个故事你受到了什么启发？

______________________________

______________________________

# 16 鼠　画

一书生，工画，作一群鼠图，献诸邑令。令初不知爱，易[1]之，漫悬于壁。一旦，过而视之，画坠于地，令仆复悬之。屡悬屡坠，仆怪之，白于令。令欲明其实，遂于门间[2]窥之，见仆方举画，猫奔而逐之，始知其画逼肖，乃珍藏之。

## 注释

① 易：轻视。　② 间：缝。

## 小知识

1. 侧面描写。作者没有从正面描写画上老鼠的栩栩如生，而是从猫逐鼠画的角度来表达，这就叫侧面描写。它比正面描写效果更好，更巧妙。

2. 释“工”。上文“工画”中的“工”，指“擅长”，“工画”即“擅长作画”。又，“吾父工刻”，意为“我父亲擅长雕刻”。又，“刘氏工山水画”，意为“姓刘的擅长山水画”。

3. 释“漫”。上文“漫悬于壁”中的“漫”，指“随意”或“随随便便”。又，“漫步林间”，意为“在树林中随意走走”。又，“两人天南地北漫言”，意为“两个人天南地北地随意聊天”。

## 训练

1 解释加点的词。

① 白________　② 窥________　③ 方________　④ 肖________

2 翻译。

① 献诸邑令

____________________

② 仆怪之

____________________

3 请用自己的话说说文中画作的精美逼真具体体现在哪里？

____________________

____________________

# 17 枭与鸠对话

枭[①]逢鸠[②]。

鸠曰："子将安之？"

枭曰："我将东徙。"

鸠曰："何故？"

枭曰："邑人皆恶我鸣，以故东徙。"

鸠曰："子能更鸣，可矣；不能更鸣，东徙，犹恶子之声。"

## 注释

① 枭(xiāo)：猫头鹰。　② 鸠(jiū)：斑鸠。

## 小知识

1. 猫头鹰因为人们讨厌它的叫声，所以想换个地方居住，这有什么用呢？不改变鸣叫声，新地方的人仍会讨厌它。只有改变自己的叫声，才是好办法。又如某学生，上课心不在焉，多门功课不及格，于是抱怨这个老师不好，那个老师也不好，要求转学。然而一再转学，成绩依旧很差。唯一的办法是专心致志地勤奋学习，只有这样成绩才能提高。

2. 释"更"。上文"子能更鸣"中的"更"，指"改变""变换"等。又，"主嫌佣无能，不日即更佣"，意为"主人嫌佣人没能力，没几天就换了佣人"。又，"文成，不更一字"，意为"文章写成，一字不改"。

## 训练

1 解释加点的词。

① 徙________ ② 恶________ ③ 子________ ④ 犹________

2 翻译。

子将安之

________________________________________

3 这个故事的寓意是什么?

________________________________________

________________________________________

# 18 赵氏治伤鹞

有鹞[①]为箭所伤，跌落赵家院中，猫见之，欲攫而食之。适主人耕作返家，见之，速驱猫，拾起鹞，见其右翅创，遂以帛[②]包扎之。食以谷，饮以水，以药治其伤，三月后即愈。某日，又见鹞来，盖鹞之侣也，遂同飞去。人之有情，禽亦有义。若无情无义，非人也。

## 注释

① 鹞：一种飞禽。 ② 帛：丝织品。

## 小知识

1. 人有情义，不少动物也有情义。有鹞受伤，跌落在赵家，后来又有鹞来救助它，估计它们早先是伴侣。朋友有难，赶来帮助，这是真挚的友谊。友情是无价之宝，珍惜友情必有好的回报。

2. 释"驱"。上文"速驱猫"中的"驱"指"赶""赶走"等，"速驱猫"，意为"赶快把猫赶走"。又，"有狐欲食鸡，主人驱之"，意为"有狐狸想偷吃鸡，主人赶走了它"。又，"驱驴而行，半日才十里许"，意为"赶着驴行路，半天才走了十里左右"。

## 训练

1 解释加点的词。

① 攫________ ② 适________ ③ 创________ ④ 侣________

2 翻译。

若无情无义,非人也

______________________________

3 读完这个故事你有什么感想?

______________________________

______________________________

# 19 猫 捕 鼠

周全家多鼠，整夜恣啮[1]，无所忌惮食谷，若有鱼肉荤腥，不待主人食，早已为其所食。邻有猫，方产二仔。周乞得一幼仔[2]，鼠见其弱小，竟与之嬉。猫稍大，鼠见之，即入洞掩身。猫蹲其旁，假眠。鼠以为无忧也，复出。猫俟其出，突然噬一鼠，自此鼠绝迹。

## 注释

① 恣啮：放肆地啃咬。 ② 仔：幼小的动物。

## 小知识

1. 猫捉老鼠，这是它的天性。一物克一物。唯有获得猫，老鼠才能绝迹。

2. 释“惮”。它指“害怕”。上文“无所忌惮”中的“惮”，即指“害怕”。又，“上山遇虎，惮而避之”，意为“上山遇到老虎，因害怕而躲避它”。又，“无惮，是蛇无毒”，意为“不要害怕，这蛇无毒”。

## 训练

1 解释加点的词。

① 若________ ② 乞________ ③ 稍________ ④ 俟________

2 翻译。

鼠以为无忧也,复出

________________________________________

3 写出两个与鼠有关的成语。

________________________________________

________________________________________

# 20 鹦鹉逮窃贼

黄铁家饲一鹦鹉，经期年调教，能学人言。一日出门，有盗入室，窃其财物而遁，鹦鹉见之。主人归家，见财物为人所窃，莫知其人，鹦鹉曰："贼来窃！贼来窃！"不数月，伺主人之田间耕作，贼复来，适天下雨，主人归家，遇见。鹦鹉曰："窃贼！窃贼！"。黄铁逮[①]之，送官[②]审，窃贼招供，于是锒铛入狱，判以戍边。

## 注释

① 逮：抓住。　② 官：官府。

## 小知识

1. 话说"鹦鹉"。鹦鹉的种类很多，概为攀禽，头圆，嘴强大，羽色美丽，有白、赤、黄、绿等。经人反复调教，能模仿人说话。主食为果实，寿命较长。

2. 释"伺"。它指"等""等候"等。上文"伺主人之田间耕作"中的"伺"，即解释为"等"。又，"伺吾归，煮鱼"，意为"等我回家，然后烧鱼吃"。又，"伺天晴，则行"，意为"等候天晴了，便走"。

## 训练

1 解释加点的词。

① 饲________　② 期年________　③ 遁________　④ 复________

⑤ 适________

2 翻译。

判以成边

________________________________________

3 写出两个与贼有关的成语。

________________________________________

________________________________________

# 21 驴 之 死

丁氏家有一驴，整日碾谷磨粉，而后市[①]之。驴曰："吾惫矣，得息。"主人不从，曰："天生尔辈，若不为苦，吾为何饲尔？"驴若行迟，则鞭之。日复一日，驴不肯行，复重鞭之。妻见之不忍，曰："人要息[②]，驴亦得休也。"丁不从。未久，驴仆地而毙。丁氏悔之莫及。妻曰："不听吾言，乃有今之恶果。"无奈，丁氏几[③]倾家荡产，复市驴。

## 注 释

① 市：出卖(谷粉)。 ② 息：休息。 ③ 几：几乎。

## 小知识

1. 人要休息，牲畜也要有歇息的时候。牛不能整日整夜耕田犁地，马也不能行千里而不息。丁氏是个糊涂的人，不听妻子的劝告，最终把驴折磨死了。

2. 释"复"。上文"复重鞭之"中的"复"，指"又"，"复重鞭之"，意为"又重重地鞭打它"。又，"年复一年"，意为"一年又一年"。又，"劣性复发"，意为"恶劣的本性又暴露出来"。

## 训 练

1 解释加点的词。

① 惫________ ② 息________ ③ 为________ ④ 从________

⑤ 仆________ ⑥ 毙________

2 翻译。

吾为何饲尔

______________________________________________

3 写出两个与驴相关的成语。

______________________________________________

______________________________________________

# 22 鹿乳奉亲

周[①]剡(yǎn)子，性至孝。父母年老，双目俱患疾，思食鹿乳。剡子乃衣鹿皮，进深山，入鹿群之中，取鹿乳奉亲。猎者见而欲射之。剡子具以情告，乃免。乡人奇之。后人有诗曰："亲老思鹿乳，身披褐毛皮[②]。若不高声语，山中带箭归。"

## 注释

① 周：周朝。 ② 褐毛皮：此指鹿皮。

## 小知识

1. 剡子为了让双亲喝上鹿乳，竟冒险入山。他的举动，令人感动。赡养年老父母，是中华儿女的美德。

2. 释"俱"与"具"。上文"双目俱患疾"中的"俱"，指"都""一同"，句意为"两眼都有疾病"。又，"母子俱归"，意为"母亲与儿子一同回来"。又，"三人同饮，俱乐"，意为"三个人一同饮酒，都很快乐"。"具"指"一一地"。上文"剡子具以情告"，意为"剡子把实情一一地告诉对方"。又，"尔勿具告，吾悉知"，意为"你不要一一告诉我，我全都知道了"。

## 训练

1 解释加点的词。

① 至________ ② 奉________ ③ 若________

2 翻译。

乡人奇之

______________________________

3 从这个故事中你得到了什么启示？

______________________________

______________________________

# 23 钱若赓判鹅

明朝年间，钱若赓守①临江②，处事公平。有乡人持鹅入市，寄肆中他往。还而索鹅。店主诓之，云："群鹅吾鹅也。"不得已，乡人讼于郡，公③令吏取店中鹅，计四只，各以一纸，给笔砚，分四处，令鹅供状。人无不讶。餐已，使人问鹅供状否？对曰："未。"顷出，下堂视之，曰："状已供矣！"众怪之。钱指一鹅曰："此乡人鹅。"盖乡人鹅食野草，粪色青；店主鹅食谷粟，粪色黄。店主遂伏罪。吏杖其一百。

## 注释

① 守：郡的长官，这里作动词用，意为做郡太守。 ② 临江：古地名。 ③ 公：指钱若赓。

## 小知识

1. 这本是一件难以判断的讼诉案，因为鹅都是白色的，大小也没多少差别。钱若赓从鹅粪的颜色中判断出结果，这全靠生活经验。古人断案，无高科技方法，往往凭生活经验。钱若赓既有生活经验，又有智慧，所以店主的伎俩逃不过他的慧眼。

2. 释"索"。它指"找"或"寻找"。上文"还而索鹅"，意为回到店铺里寻找寄放的鹅。又，"有吏夜索壮丁"，意为"有官府的差役在晚上寻找年轻强壮的人"。又，"失斧，四处索而未得"，意为"丢失了斧头，四处寻找而未获得"。

## 训练

1 解释加点的词。

① 持________ ② 肆________ ③ 诓________ ④ 讼________

⑤ 讶________ ⑥ 已________ ⑦ 顷________ ⑧ 盖________

2 翻译。

众怪之

________________________________________

3 从钱若赓判鹅可知他是个怎样的人？

________________________________________

________________________________________

# 24 曾子杀猪

曾子[1]之妻之市，其子随之而泣。其母曰："汝还，吾返则为汝杀猪。"曾子欲捕猪杀之。妻遽止之曰："特与婴儿戏耳。"曾子曰："婴儿非与戏也。其非有知[2]也，待父母教者也，今子欺之，是教子欺也。子不信其母，此非成教也。"遂杀而烹猪也。

## 注释

① 曾子：即曾参，相传为孔子的学生。　② 知：此指判断能力。

## 小知识

1. 父母是孩子的第一任老师。父母要教育儿女"诚实""仁爱"，自己也应该以身作则。

2. 释"泣"。它指"无声或小声地哭"。上文"其子随之而泣"中的"泣"，指"哭"。又，"尔为何泣"，意为"你为什么哭"。又，"儿失手瓮破，遂泣"，意为"孩子不小心摔破了坛子，就哭了"。

3. 释"烹"。上文"遂杀而烹猪也"中的"烹"，指"煮"。又，"烹之已久，可食矣"，意为"煮了很长时间，可以吃了"。又，"是鸡尚幼，不得烹"，意为"这鸡还小，不能煮食"。

## 训练

1 解释加点的词。

① 遽________　② 戏________　③ 信________

2 翻译。

① 特与婴儿戏耳

______________________________

② 此非成教也

______________________________

3 这个故事告诉我们一个什么道理？

______________________________

______________________________

# 25 “的卢”救刘备

刘备屯兵樊城①，刘表②礼焉，然惮其为人，不甚信用。尝请备赴宴，蔡瑁等欲因取备。备觉之，伪如厕，潜遁出。所乘马名“的卢”。备骑“的卢”走堕襄阳城西檀溪水中，溺不能出。备急曰：“的卢，的卢！今日危矣！可努力！”“的卢”乃一踊三丈，遂得以过。

## 注释

① 樊城：古县名。 ② 刘表：当时的大豪强。

## 小知识

1. 话说“刘备”。刘备是东汉末年人，年幼时家贫，后任用诸葛亮，与曹操等抗衡，又联合孙权，在赤壁大败曹军。公元221年称帝，建都成都，国号为“汉”。

2. 释“如”。“如”在文言文中可作动词用，相当于“到”“往”“去”，这在现代汉语中是没有的，因此要特别注意。上文“伪如厕”，意为“假装去厕所”。又，“如京”，意为“到京城去”。又，“如军中”，意为“到军营中去”。

## 训练

1 解释加点的词。

① 屯________ ② 焉________ ③ 惮________ ④ 因________

⑤ 走________ ⑥ 溺________ ⑦ 踊________

2 翻译。

① 潜遁出

______________________________

② 遂得以过

______________________________

3 你还知道哪些三国时的故事？试写出一两个。

______________________________

______________________________

# 26 恨鼠焚屋

有独居男子，编木为庐，力耕而食，菽[①]俱无赖于人。家有群鼠，昼则垒垒然[②]行，夜则鸣啮至旦。男子积怨久之。

一日于肆酒醉而归，夜已深，方寝，鼠又百态恼之，目不得瞑。男子曰："此阴类[③]恶物也，何暴之甚！"遂持火焚之，而火延及他物，扑而不灭。鼠死而庐亦毁。翌日酒解，怅然无所居。

## 注 释

① 菽(shū)：豆。 ② 垒垒然：络绎不绝的样子。 ③ 阴类：指夜间活动的动物。

## 小知识

1. 感情冲动，只顾其一，不顾其二，不仅无济于事，而且反会坏事。

2. 释"亦"。这是文言文中常见的字，意为"也"。上文"鼠死而庐亦毁"的"亦"，便作"也"解释。又，"吾亦汉人"，意为"我也是汉族人"。又，"不亦乐乎"，意为"不也是快乐的事吗"。

## 训 练

1 解释加点的词。

① 庐________ ② 俱________ ③ 赖________ ④ 旦________

⑤ 寝________ ⑥ 焚________

2 翻译。

① 一日于肆酒醉而归

________________________________________

② 怅然无所居

________________________________________

3 这个故事给了我们什么警示？

________________________________________

________________________________________

# 27 一箭双雕

长孙晟①善射，敏捷过人。因摄图之延，遂之突厥②。摄图亦喜射，两人竞夸。晟留之期年，常共游出猎。

一日，见二雕③飞而争肉。摄图以两箭与晟，请射之。晟取其一，驰往。一箭而贯双雕。摄图讶之，曰："吾未见有此技者也。"遂命诸子，冀昵之近之，以学射也。

## 注释

① 长孙晟(shèng)：复姓长孙，名晟。 ② 突厥：我国古代北方的一个少数民族。③ 雕：鹰一类的飞禽。

## 小知识

1. 长孙晟善射，名不虚传。他能一箭双雕，神乎其神。这叫"功到自然成"。

2. 释"竞"。上文"两人竞夸"中的"竞"，解释为"争""争着""比赛"。"竞夸"意为"争着夸耀"。又，"数十人竞走，彼获第一"，意为"几十个人比赛奔跑，他获得第一名"。又，"毋竞购，鲜果甚多"，意为"不要抢购，鲜果有很多"。

## 训练

1 解释加点的词。

① 延________ ② 贯________ ③ 讶________

2 翻译。

冀睨之近之

3 用自己的话概括一下你对一箭双雕这个词的理解。

# 28 张五悔猎

村民张五，以猎为生。张曾逐一母鹿。鹿将[①]二子行，不能速，遂为张所及。母鹿度不可免，顾旁有浮土，乃引二子伏，拥土覆之，而身投张五网中。值张五母出户，遥见之，遂奔至五所，具以所见告子。即破网出鹿，并二子亦纵之。五闻之，心感焉。由此焚网，永不复猎。

## 注释

① 将：带领。

## 小知识

1. 人有母子之情，动物也有。好多雌兽在哺乳期最凶猛，主要是害怕人或其他动物来伤害它的幼崽。

2. 释“及”。它指“赶上”。上文“遂为张所及”，意为“于是被张五赶上”。又，“宋军及之河滨，敌已渡河而遁”，意为“宋朝军队赶到河边，敌人已渡过河逃跑了”。又，“吾欲送行而未及，友人去矣”，意为“我想送行而未赶上，友人已走了”。

## 训练

1 解释加点的词。

① 度________ ② 覆________ ③ 值________ ④ 遥________

⑤ 纵________

2 翻译。

① 具以所见告子

________________________________________

② 由此焚网,永不复猎

________________________________________

3 读了这个故事,你有什么感想?

________________________________________

________________________________________

# 29 斗牛而废耕

卫懿公①好禽兽，见牴牛②而悦之，其禄于牧牛数倍。宁子谏曰："岂可！牛之用于耕不在于牴。牴其牛，耕必废。耕，国之本也，岂可废乎？臣闻之，君人者③不以己欲而伤民。"弗听，于是卫牛之牴者，贾十倍于耕牛，牧牛者皆释牛而教牴，农官弗能禁。不数年，卫大饥，国人皆斥卫公。

## 注释

① 卫懿(yì)公：卫国国君。 ② 牴牛：斗牛。 ③ 君人者：做国君的人。

## 小知识

1. 古人云：上有所好，下必从之。意为"统治者有什么爱好，下面的人必定会跟随"。因为卫国国君喜欢斗牛，所以农夫放弃养耕牛，而养斗牛，结果田地荒芜了，发生大规模的灾荒。

2. 释"谏"。旧时指下级对上级规劝。上文"宁子谏"，意为"宁子规劝国君"。又，"群臣皆谏，帝从之"，意为"大臣们都规劝皇帝，皇帝听从了"。

3. 释"饥"。它指"灾荒"。上文"卫大饥"，意为"卫国发生大灾荒"。又，"齐饥，逃亡者千万"，意为"齐国发生灾荒，成千上万人逃荒"。

## 训练

1 解释加点的词。

① 悦________ ② 本________ ③ 弗________ ④ 斥________

2 翻译。

贾十倍于耕牛

______________________________

3 这个故事告诉我们什么道理？

______________________________

______________________________

# 30 张举焚猪破真情

张举者，吴①人也，为句章令。有妻与他人奸②，因纵火烧舍，扬言“火烧夫死”。夫家疑之，讼于官，妻不服。此案难断，令吏究其因，不得，久而未决。举再三思之，得其法，乃取猪二口，一杀之，一活之，而积薪烧之，活者口中有灰，杀者口中无灰。因验尸，口中果无灰也。审之，遂服罪。

## 注释

① 吴：吴国。　② 奸：干坏事。此指与人私通，即发生不正当男女关系。

## 小知识

1. 那妇女与人私通，还称“火烧夫死”，真是诡计多端。张举开始不能获得实情，后来用焚猪的办法揭露了真相，可谓绞尽脑汁。

2. 释“舍”。上文“纵火烧舍”中的“舍”，指“房屋”。又，“邻舍为飓风所倾”，意为“邻居的房屋被大风吹倒”。又，“吾舍乃祖传也”，意为“我的住屋是祖上传下来的”。

3. 释“讼”。上文“讼于官”中的“讼”，指“告状”，句意为“向官府告状”。又，“无讼，此乃小事也”，意为“不要告状了，这是小事情”。又，“讼者，吾昔之友也”，意为“告状的，是我早先的朋友”。

## 训练

1 解释加点的词。

① 纵________　② 薪________

2 翻译。

令吏究其因

______________________________

3 从这个故事中我们能得到什么启示？

______________________________

______________________________

# 31 张用良不杀蜂

张用良幼时揭蜂窝，尝为蜂螫[1]，痛而啼，故恶之。后见蜂则百计千方扑杀之。一日薄暮，忽见一飞虫，撞于蛛网，竭力而不得脱。蛛遽束缚之，甚紧。忽一蜂飞来螫蛛，蛛亟避。蜂又数含水湿之，久而得脱去。张用良因感蜂义，自是不复杀蜂。

## 注释

① 螫(shì)：刺、咬。

## 小知识

1. 话说“蜂”。蜂有“胡蜂”“蜜蜂”等多种，其中蜜蜂能采花粉酿蜜，有益于人类。

2. 释“恶(wù)”。它指“讨厌”“憎恨”。上文“故恶之”，意为“因此憎恨它”。又，“是人假钱而久不还，故人多恶之”，意为“这人向人借钱而长久不还，所以很多人讨厌他”。又，“毒蛇，人咸恶之”，意为“有毒的蛇，人们都憎恨它”。

3. 释“尝”。“尝”在文言文中，除了“品尝”“尝试”之外，多作“曾经”用。上文“尝为蜂螫”，意为“曾经被蜂螫过”。又，“尝为邑令”，意为“曾经做过县官”。又，“尝得病，后治而愈”，意为“曾经得病，后来医治好了”。

## 训练

1 解释加点的词。

① 揭________ ② 扑________ ③ 薄________ ④ 遽________

⑤ 亟________

2 翻译。

① 竭力而不得脱

____________________________________________

② 张用良因感蜂义

____________________________________________

3 写出两个与蜂有关的成语。

____________________________________________

____________________________________________

# 32 阮原售糟鱼

阮原以捕鱼为生，日得鱼百头许，于市之北门售之，售之不罄，百思不得其术。或曰："尔可腌制也。"曰："腌之唯恐更难售。"曰："尔可以酒糟腌也，则成糟鱼。"阮原如法炮制①，携之市，人有市者，果味美，老少皆喜食。自此数年，阮原以售糟鱼而闻名遐迩。为酬传术者，予之五十银。传术者婉拒。阮原为之葺②屋，更草棚为瓦屋也。

## 注释

① 如法炮制：上文指按对方说的做。　② 葺：修理。

## 小知识

1. 把卖不完的鱼制成糟鱼，这样一个小小的技术，竟使阮原化贫为富。看来，人只要肯动脑子，难事会变成易事。

2. 释"遐迩"。上文"闻名遐迩"，意为"远近闻名"。又，"其医术高明，遐迩闻名"，意为"他医术很高明，无论远或近的人都知道"。

## 训练

1 解释加点的词。

① 许________　② 罄________　③ 术________　④ 或________

⑤ 唯________　⑥ 婉________

2 翻译。

更草棚为瓦屋也

________________________________________

3 写出两个与鱼有关的成语。

________________________________________

________________________________________

# 33 鹦鹉灭火

有鹦鹉栖他山，山中禽兽皆相爱。鹦鹉自念，此山虽乐，然非吾久居之地，遂去。禽兽依依不舍。后数月，山中大火。鹦鹉遥见，心急如焚，遂入水沾①羽，飞而洒之。

天神言："汝虽善意，然何足道？"

对曰："吾虽知区区水滴不能灭之，吾尝侨居②是山，禽兽善待吾，皆为兄弟，吾不忍见其死于火也。"

天神嘉其义，即为之灭火。

## 注释

① 沾：沾湿。 ② 侨居：客居。

## 小知识

1. 几滴水当然灭不了大火，但鹦鹉尽了力，所以天神赞扬它。一个人给人帮忙，无论力量大小，只要尽心竭力，人们都会称赞他。

2. 释"相"。上文"相爱"中的"相"，指代"它"。这个义项很特殊，要特别注意。又，"不相识"，意为"不认识我"。又，"吾来相助"，意为"我来帮助你"。

3. 释"嘉"。上文"天神嘉其义"中的"嘉"，指"赞许""表扬"等。又，"嘉奖"，意为"称赞、奖励"。

## 训练

1 解释加点的词。

① 栖________ ② 念________ ③ 遥________ ④ 焚________

2 翻译。

汝虽善意，然何足道

________________________________________

3 请谈谈你对“义”的理解。

________________________________________

________________________________________

# 34 鸱报复公冶长

世传公冶长能解百禽语。一日，有鸱[①]来告公冶长："公冶长！公冶长！南有死獐，子食其肉，我食其肠！"公冶长应而往，果得獐，然其无意饲鸱以肠。鸱是以怨之。居无何[②]，鸱又来报如前。公冶长复往，望见数人围一物而哗[③]，公冶长以为又有死獐，恐人攫之，遥曰："我击死也！我击死也！"至，乃一死人。众遂逮公冶长见邑宰[④]。宰审问，公冶长再三辩。宰曰："尔自言'我击死也'，今何为诈？"公冶长无言以对。宰判其入狱。

## 注释

① 鸱(chī)：即鹞鹰。 ② 居无何：过了不久。 ③ 哗：吵闹的样子。 ④ 邑宰：县官。

## 小知识

1. 这则寓言告诉我们，人要讲信用，如果不讲信用，即使是亲朋好友也会反目。上文中公冶长原先答应给鸱食獐的肠，后来反悔了，于是鸱报复他，最终让他自食恶果。

2. 释"遥"。上文"遥曰"中的"遥"，指"远远地"。又，"路遥知马力，日久见人心"，意为"路途远才知马的体力，日子久了才知道人的心是好是坏"。又，"遥见一帆远去"，意为"远远地看到一艘帆船驶去"。

3. 释"子"。上文"子食其肉"中的"子",是对对方的尊称,相当于"您"。又,"子何姓",意为"您姓什么"。又,"子欲何往",意为"您要到哪儿去"。

## 训 练

1 解释加点的词。

① 解________ ② 应________ ③ 攫________

2 翻译。

公冶长无言以对

________________________________________

3 这篇文章的寓意是什么?

________________________________________

________________________________________

# 35 二鸿情深

有人射得一雌鸿①，其雄者随而飞抵其家，哀鸣不已，至暮乃去。翌日又至，弋人②并捉之，见其伸颈俯仰，吐出黄金半锭，弋者悟其意，乃曰：“是将以赎妇乎？”鸿颔之。遂释二鸿，双双飞去。弋人称，得二两六钱强。噫！禽兽钟情若此，胜于常人。悲莫悲于生别离，禽兽亦是也！

## 注释

① 鸿：鸿雁。 ② 弋人：猎人。

## 小知识

1. 话说“鸿”。它俗称“鸿雁”，群居在水边，吃植物种子，也吃鱼和昆虫。

2. 释“已”。上文“哀鸣不已”中的“已”，指“停”“停止”。又，“其妻纺织，日夜不已”，意为“他的妻子白天黑夜不停地纺纱织布”。又，“言已遂去”，意为“说完就走了”。

3. 释“颔”。上文“鸿颔之”中的“颔”，指“点头”。又，“其言诚，吾颔之”，意为“他的话是真实的，我点头肯定”。

## 训练

1 解释加点的词。

① 抵________ ② 翌日________ ③ 并________ ④ 悟________

⑤ 释________ ⑥ 强________ ⑦ 莫________

2 翻译。

禽兽钟情若此,胜于常人

________________________________________________

3 写出两个含鸿字的成语。

________________________________________________

________________________________________________

# 36 酒酸与恶狗

有售酒者，升概①甚平②，遇客甚敬，为酒甚美，悬帜甚高，然而不得售，酒于是酸。主人怪其故，问诸杨青。青曰：“汝犬猛耶？”曰：“猛。”曰：“是以不得售。”主人曰：“何故？”青曰：“人畏焉。或令孺子怀钱挈(qiè)壶而酤，犬迓③而龁之。此酒所以酸而不得售也。”后主人杀犬，于是酒得售，常供不应求。

## 注释

① 升概：打酒的容器。　② 平：公平。　③ 迓(yà)：迎上去。

## 小知识

1. 酒酸与狗凶猛有关。因为打酒人怕被狗咬，不敢上门，于是美酒卖不出去，成了酸酒。

2. 释“售”。它指“出卖”。上文“不得售”，意为“卖不出去”。又，“谷有余，售之”。意为“粮食有多余，便出卖。”又，“此果自食，不售”，意为“这果子自家吃，不出卖”。

## 训练

1 解释加点的词。

① 帜________　② 诸________　③ 耶________　④ 孺子________

⑤ 挈________ ⑥ 酤________ ⑦ 龁________

2 翻译。

主人怪其故

________________________________________

3 售酒者先前酒“不得售”的原因是什么？（用文中原话回答）

________________________________________

________________________________________

# 37 白驴与黑驴

钱书有二驴，一黑一白，曾载瓮[①]百，欲之六十里外售之。黑驴身健体壮，而白驴瘦弱。路半，白驴谓黑驴曰："前有坡，吾力惫，恐不得上，望兄徙数十瓮与尔，得以同上坡。"黑驴不应。移时，白驴又乞求黑驴，黑驴仍不应。白驴精疲力尽仆地不起。钱书遂将白驴所载移至黑驴车上。黑驴同载两车之瓮，力不胜任，移时亦倒地而卒。

## 注释

① 瓮：陶制盛器，一般口小腹大。

## 小知识

1. 黑驴不愿帮助白驴，最终两辆车上的瓮全压在黑驴身上，黑驴也被累死。古语有"我为人人，人人为我"。我有困难，你来帮助我；你有难处，我来协助你。互助合作，共渡难关。

2. 释"卒"。它是个多义词。上文"倒地而卒"中的"卒"，指"死亡"。又，"年六十而卒"，意为"六十岁死了"。又，"齐大饥，卒者十三"，意为"齐国发生大灾荒，十分之三的人饿死了。"又，"虽有疫，无人卒"，意为"虽然有瘟疫，但没人死亡"。

## 训 练

1 解释加点的词。

① 售________ ② 憃________ ③ 仆________

2 翻译。

移时亦倒地而卒

________________________________________

3 你认为导致黑驴“倒地而卒”的主要原因是什么？

________________________________________

________________________________________

# 38 鸟为猫所食

施家院内，植梧桐数株，枝高叶茂，有众鸟巢焉。时值秋，飓风东来，巢覆，雏①落地。儿拾之不胜悦，置于几上，饮以水，食以谷。雏渐大，不飞不逸②。邻有猫，一日见儿出，室中无人，遂攫而去。儿归，不见是鸟，痛哭流涕，心念之，必为邻之猫食之，遂以棒击邻之猫。邻急阻之，曰："猫之食鸟天性也，何责之？"儿悟之，当责己也。

## 注释

① 雏：幼小的禽类。 ② 逸：逃跑。此指飞去。

## 小知识

1. 鸟被猫吞食，不能责怪猫，应该责备自己没管好。生活中有不少事类似猫食鸟，对此，应该作自我批评，吸取教训，而不该抱怨其他人。

2. 释"悟"。它指"觉悟""醒悟"等。上文"儿悟之"中的"悟"，指"领会""醒悟"等。又，"再三训之而不悟"，意为"再三教育他仍然不觉悟"。又，"恍然大悟"，意为"忽然间明白、醒悟过来"。

## 训练

1 解释加点的词。

① 巢________ ② 值________ ③ 覆________ ④ 置________

⑤ 攫________

2 翻译。

饮以水，食以谷

________________________________________

3 写出两个与猫有关的成语。

________________________________________

________________________________________

# 39 慈　鸡

盛家蓄二母鸡，黄白各一，分棚而居，各饲数雏，晨夕引雏而出，二雌并行，宛若人之洽比[①]。一日，黄者为人所窃，失母之雏，悲鸣不已。白者频来相顾，若代为悯。白者得食相呼，视为己出。鸡虽微禽，而于五德[②]之外，复具一德。盛之友因呼之为"慈鸡"。

## 注释

① 洽(qià)比：和睦。　② 五德：指仁、义、礼、智、信。

## 小知识

1. 人有感情，不少动物也有。上文说的那只白鸡，不是对失母的小鸡十分照顾吗？人如果无感情，便无亲无友，如有困难或病痛，谁来帮助呢？所以平日里，无论亲戚或邻居，都要互相帮助。

2. 释"频"。它指"多次""经常"等。上文"白者频来相顾"，意为"白鸡经常来照顾它们"。又，"水灾频发，淹没无数良田"，意为"不断地发生水灾，淹没了很多好的农田"。又，"吾曾有病，友人频来探视"，意为"我曾经有病，朋友常来探望我"。

## 训练

1 解释加点的词。

① 引________　② 并________　③ 宛若________　④ 已________

2 翻译。

盛之友因呼之为“慈鸡”

______________________________

3 找出文中表现“二母鸡”和睦相处的地方。（用原文语句回答）

______________________________

______________________________

# 40 裴旻射虎

北平①多虎，旻②善射，曾一日毙虎十有余，因憩山下，四顾自乐。有一叟来，曰："此皆彪也，似虎而非也，尔若遇真虎，无能为也。"旻以为诓，不信，遂跃马而往，次③丛薄④中。移时，果有真虎出，状小而势猛，踞地一吼，山石震裂。旻辟易⑤，弓矢皆坠，殆不可免。自此惭愧，终身不复射虎矣！

## 注释

① 北平：古地名。 ② 旻(mín)：指裴旻。 ③ 次：蹲、伏。 ④ 丛薄：茂密的草丛。 ⑤ 辟易：惊退。

## 小知识

1. 骄傲与自卑有时候是可以转化的。裴旻曾"一日毙虎十有余"，洋洋得意。然而后来遇到了"真虎"，又吓得屁滚尿流，而且"终身不复射虎"。他是从一个极端走向另一个极端。这种现象在现实社会中也屡见不鲜。

2. 释"移时"。它指"不多时"。又，"移时，天渐阴暗"，意为"不多时，天渐渐阴暗了"。"移时，伤痛遂止"，意为"不多时，伤痛便停止了"。

3. 释"踞"。它指"蹲"。上文"踞地一吼"，意为"蹲在地上大声吼叫"。又，"足受创，踞地不得行"，意为"脚受了伤，蹲在地上不能行走"。又，"天寒，无久踞于野外"，意为"天冷，不要长久蹲在野外"。

## 训 练

1 解释加点的词。

① 毙________ ② 憩________ ③ 叟________ ④ 诓________

2 翻译。

① 尔若遇真虎,无能为也

________________________________________

② 殆不可免

________________________________________

3 读了这个故事,你得到了什么启示?

________________________________________

________________________________________

# 41 县令捕蝗

钱勰为如皋[①]令，会岁旱蝗起，而泰兴[②]令独给郡守云："县界无蝗。"未久，蝗虫亦成群。郡守诘之。遂给郡守云："本县原无蝗，盖自如皋飞来，乃檄[③]如皋令请严捕蝗，无使犯邻境。"钱勰得檄，辄书其纸尾报之，曰："蝗虫本天灾，即非县令不才。既自敝邑飞去，却请贵县押来。"

## 注释

① 如皋(gāo)：古地名。 ② 泰兴：古地名。 ③ 檄(xí)：向……发紧急公文。

## 小知识

1. 蝗虫食谷，这是农作物的大害。可是两个县官互相推托，极不负责。就像洪水暴发时，下游的人受害，责怪上游的官吏没有及时治水，而上游的官吏，批评下游的官吏没有防堤筑坝，互相指责。其实，上游有上游的责任，下游也有下游的责任。

2. 话说"尊称"与"谦称"。古人说话或写信，很讲究尊称和谦称。上文说的"敝邑"，即"我们县里"，"敝"是对自己的谦称。又，"敝人无高见"，意为"我没高明的见识"。"贵"指"高贵"，是对对方的尊称。如"贵府何在"，意为"你的家在哪儿"。

## 训练

1 解释加点的词。

① 令________ ② 会________ ③ 给________ ④ 盖________

2 翻译。

辄书其纸尾报之

______________________________

3 你认为故事中这两个县令的共同点是什么？他们应该怎么做？

______________________________

______________________________

# 42 梁鸿牧猪上林苑

梁鸿[①]家贫，然品德高尚，曾牧猪上林苑[②]。曾遗火，延及他舍。乃寻访主人，询所失财物。主人告之，梁悉以猪偿之。其主犹以为少。鸿曰："吾无他物，愿以身作苦役。"主人许之。乃日日执勤不懈。有老者见之，曰："是非恒人也。"乃让主人。于是主人敬之，还其猪。鸿不受。

## 注释

① 梁鸿：东汉人。 ② 上林苑：宫苑名。

## 小知识

1. 梁鸿因为不小心而失火，把别人的房屋也烧了。他把自己养的猪给对方，对方认为太少，没办法，梁鸿便自己为对方做苦役。他干活肯吃苦耐劳，所以人们认为他有高尚的品德，不是一般的人。

2. 释"犹"。上文"其主犹以为少"中的"犹"，指"还"，句意为"主人还认为太少"。又，"天雨，犹之田间耕作"，意为"天下雨，还到田里去耕作"。又，"父责之，其劣性犹不改"，意为"父亲责备他，但是他还是不肯改掉恶劣的行径"。

3. 释"让"。上文"乃让主人"中的"让"，指"批评""责备"等。又，"彼无故击人，众人让之"，意为"他无缘无故打人，大家批评他"。又，"无让之，此非其为也"，意为"不要责备他，这事不是他干的"。

## 训 练

1 解释加点的词。

① 遗________ ② 延________ ③ 询________

2 翻译。

① 梁悉以猪偿之

________________________________________

② 主人许之

________________________________________

3 作者笔下的梁鸿是一个什么样的人？

________________________________________

________________________________________

# 43 老马识途

管仲、隰(xí)朋从桓公①伐孤竹②,春往冬反,迷途失道。管仲曰:"老马之智可用也。"乃放老马而随之,遂得道。行山中无水,隰朋曰:"蚁冬居山之阳,夏居山之阴,蚁壤③高一寸而仞④有水。"乃掘地,遂得水。

## 注释

① 桓公:指齐桓公,齐国国君。 ② 孤竹:春秋时的一个小国。 ③ 蚁壤:即蚁封,蚁穴上的松土。 ④ 仞:古代长度单位,周制八尺、汉制七尺。

## 小知识

1. 管仲和隰朋,两个都是高智商的人。一个认为老马能识途,一个认为蚁封高一寸下面八尺便有水。两人共同发挥自己的聪明才智,一起渡过了难关。人只要肯多开动脑筋,难事也会转化为易事。

2. 释"阳"与"阴"。山的南面叫"阳",山的北面叫"阴"。如衡阳,它在衡山的南面。华阴,在华山的北面。而水则不同,水的北面叫"阳",水的南面叫"阴"。

## 训练

1 解释加点的词。

① 从________ ② 反________ ③ 居________

2 翻译。

老马之智可用也

______________________________

3 这个文言文小故事告诉人们什么道理?

______________________________

______________________________

# 44 王长寿之马

王长寿有马，白毛长尾，日行百里，不喘不汗，越沟涉水，几乎无所不能。王爱之如宝，从不予人骑。一日，邻里老人有急病，欲速求医，医于五十里许，其欲假[①]王之马，然难以启齿[②]。王知之，再三思虑，遂上老人门，言愿以己之马护送。马不停蹄，不多时即至医家。医曰："此乃急疾，稍迟片刻即无命矣。"医予之药，不日即愈。

## 注释

① 假：借。 ② 启齿：开口。

## 小知识

1. 俗话说：救人一命，胜造七级浮屠。王长寿的马从不让人骑，可当邻里老人有急病时，他思虑再三，还是用自己的马护送老人就医。救人还是护马，二者必居其一，王的行为可嘉。

2. 释"予"。上文有两个"予"字，都解释为"给"。"从不予人骑"，意为"从来不给别人骑"。"医予之药"，意为"医生给他药"。又，"予人对联一副"，意为"给人一副对联"。又，"友人予吾鸡一"，意为"朋友给我一只鸡"。

## 训练

1 解释加点的词。

① 涉________ ② 愈________

2 翻译。

① 言愿以己之马护送

______

② 不日即愈

______

3 写出两个与马有关的成语。

______

______

# 45 唐太宗吞蝗

贞观①二年，京师②旱，蝗虫大起。太宗入苑③视禾，见蝗虫，掇④数枚而咒曰："人以谷为命，而汝食之，是害于百姓也。百姓有过，在予一人，尔若有灵，但蚀我心，无害百姓！"将吞之。左右遽谏："恐成疾，不可食！"太宗曰："所冀移灾朕⑤躬，何疾之避！"遂吞蝗。

## 注释

① 贞观：唐太宗年号。 ② 京师：京城。 ③ 苑：养禽兽种林木的地方(多指帝王的花园)。 ④ 掇：拾起。 ⑤ 朕(zhèn)：皇帝的自称。

## 小知识

1. 唐太宗吞蝗的故事，体现了他关心人民疾苦，为人民着想，同时，这也是他博取百姓好感、收买民心的方式之一。

2. 释"过"。上文"百姓有过"中的"过"，指"过错""过失"等。又，"吾无过，何责之?"意为"我没错，为什么要责备我"。又，"如有过，即改之"，意为"如果有错，马上改正"。

3. 释"若"。它解释为"如果""好像"等。上文"尔若有灵，但蚀我心"，意为"你如果有灵性，该只吃我的心"。又，"窃他人之物，竟若无其事"，意为"偷了别人的财物，竟然好像没事一般"。

## 训练

1 解释加点的词。

① 遽________　② 谏________

2 翻译。

何疾之避

________________________________________

3 你认为这个故事中唐太宗的什么精神是值得肯定的？

________________________________________

________________________________________

# 46 鹰 与 鱼

鹰于天上飞，天空辽阔无边，其乐无穷。鹰讥鱼曰："尔有吾之乐乎?"鱼不应。久思之，谓鹰曰："尔见江河与海乎?任吾游，其乐亦无穷。"两者各持己见，纷争不已。移时[①]鹰中猎人箭，跌落于河中。鱼曰："昔尔嗤吾，未知有今日。"此时渔者[②]撒网，网得该鱼。两者咸为几上餐。

## 注 释

① 移时：不多时。 ② 渔者：捕鱼的人。

## 小知识

1. 鹰和鱼各有长处，也各有短处。人也是这样，有优点也有缺点，绝不能用自己的长处，讥笑别人的短处。

2. 释"已"。上文"纷争不已"中的"已"，指"停止""完"。句意为"争论不休"。又，"言已，即去"，意为"说完，就走了"。又，"大笑不已"，意为"大笑不停"。

## 训 练

1 解释加点的词。

① 讥________ ② 应________ ③ 亦________ ④ 为________

2 翻译。

① 任吾游，其乐亦无穷

______________________________

② 两者咸为几上餐

______________________________

3 写出两个与鱼有关的成语。

______________________________

______________________________

# 47 张之万之马

张之万蓄一红马，甚骏，尝日行百余里，不喘不汗。有军人见而爱之，遣人来市。公不许。固请，之万无奈，遂牵而去。不几日，马送回，之万怪之，询其故，曰：“方乘[①]，遂为掀下，连易[②]数人，皆坠，是乃劣马也，故退之。”之万求之不得，遂退金[③]收马。比之万乘之，驯如故。盖是马愿终身效力于之万也。

## 注释

① 乘：此指骑。 ② 易：更换。 ③ 金：此指银子。

## 小知识

1. 马与狗等动物，大多是很忠于主人的，上文中张之万的马就很忠于主人。

2. 释“遣”。上文“遣人来市”中的“遣”，指“派”，句意为“派人来买”。又，“汉遣苏武使匈奴”，意为“汉朝派苏武出使匈奴”。又，“遣子酤酒”，意为“派儿子打酒”。

## 训练

1 解释加点的词。

① 骏________ ② 尝________ ③ 许________ ④ 固________

⑤ 询________ ⑥ 坠________ ⑦ 比________

2 翻译。

① 公不许

______________________________________________

② 驯如故

______________________________________________

3 韩愈的《马说》中认为，由于没有伯乐，所以千里马得不到重用，本文中的“军人”识马却驾驭不了马，这是为什么？说说你的理解。

______________________________________________

______________________________________________

# 48 蝜蝂之死

蝜蝂(fù bǎn)者，善负小虫也。行遇物，辄持取。卬①其首负之。背愈重，虽困剧不止也。其背甚涩②，积物因不散，卒仆不能起。或怜之，为其去负，苟能行，又持取如故。又好上高，竭其力不已，至坠地而死。人之贪得无厌，何其相似，及入狱，悔之晚矣。

## 注释

① 卬：同“昂”。 ② 涩：不光滑。

## 小知识

1. 世上的贪污分子，多么像蝜蝂，从收受别人上千元到数百万元，越多越好，最终锒铛入狱。

2. 释“苟”。上文“苟能行”中的“苟”，解释为“如果”。又，“苟有病，宜速医”，意为“如果有病，应该赶快医治”。又，“苟能风调雨顺，则丰收矣”，意为“如果能风调雨顺，便能丰收了”。又，“苟能猎得虎，致富焉”，意为“如果能打得老虎，就富裕了”。

## 训练

1 解释加点的词。

① 负________ ② 辄________ ③ 仆________ ④ 或________

⑤ 故________

2 翻译。

① 虽困剧不止也

________________________________________

② 竭其力不已

________________________________________

3 这则寓言的主要寓意是什么？

________________________________________

________________________________________

# 49 牛与鸭辩

牛耕田，食草。鸭食谷，有人饲养。鸭嗤之曰："尔辛劳甚，吾不劳而获，天赐吾福。"牛曰："吾耕田拉犁，为主人劳，主人待吾更善。"鸭曰："主人虽善待尔，然终不及吾悠哉游哉！"是年末，将祭[①]，主人将杀鸡宰[②]鸭。牛曰："尔终有如是一日，为人几上餐。"鸭无言以对。

## 注释

① 祭：指祭祀祖宗。 ② 宰：杀。

## 小知识

1. 鸭子不该讥笑牛。人们养牛，是为了耕作。养鸭，是为了食用。用途不同，命运也不同。

2. 释"嗤"。上文"鸭嗤之"中的"嗤"，指"讥笑"。又，"市名画，乃赝品也，人皆嗤之"，意为"买的名画是假货，人们都讥笑他"。又，"众皆嗤其失算"，意为"大家都讥笑他打错了主意"。

## 训练

1 解释加点的词。

① 赐________ ② 尔________ ③ 悠________ ④ 是________

⑤ 对________

2 翻译。

为人几上餐

______________________________

3 写出两三个与鸭有关的成语或俗语。

______________________________

______________________________

# 50 苏武牧羊北海

汉[1]之苏武，出使匈奴，为单于[2]扣留，使卫律治之。百般胁利诱，武终不屈。卫律白单于，单于益欲降之。乃幽武大窖中，无饮食。天雨雪，武啮雪，与毡毛并咽之，数日不死。匈奴以为神，乃徙武鄙，使牧羝[3]，曰："羝产仔乃得归。"武乃掘野鼠之藏而食之，杖汉节[4]牧羊，卧起皆持。十九年乃归。

## 注释

① 汉：汉朝。 ② 单(chán)于：匈奴首领。 ③ 羝(dǐ)：公羊。 ④ 节：古代皇帝给负有特殊使命的使者的一种凭证，类似竹竿，用旄牛尾毛作装饰。

## 小知识

1. 苏武被扣留十九年，出使时黑发，而回家时已满头白发，真正做到了"富贵不能淫(诱惑)，贫贱不能移，威武不能屈"，不愧为大丈夫。

2. 释"徙"。它指"迁移"。上文"乃徙武鄙"，意为"便把苏武迁移到边境"。又，"东徙"，意为"搬到东面去"。又，"徙官至洛阳"，意为"调动官职到洛阳"。

## 训练

1 解释加点的词。

① 治________ ② 白________ ③ 幽________ ④ 窖________

⑤ 雨________ ⑥ 鄙________

2 翻译。

① 单于益欲降之

________________________________

② 匈奴以为神

________________________________

3 上文表现出苏武什么样的气节？

________________________________

________________________________

# 51 以凫为鹘

人有得凫①者，以为鹘②也。原上有兔，掷之使击。凫不能飞，坠于地，再掷之，又堕于地。凫忽蹒跚而人语曰："吾鸭也，杀而食之乃其分③，奈何掷我苦之？"其人曰："我以为尔可猎兔，乃鸭也！"凫举掌示之，笑而言曰："尔视我足，可能捕兔耶？"

## 注释

① 凫(fú)：野鸭。 ② 鹘(hú)：鹰一类的猛禽。 ③ 分：本分。

## 小知识

1. 那人把野鸭当成鹰一类的猛禽，十分可笑。牛耕田，马被人骑，如果倒过来，让马耕田，骑牛赶路，这不是颠倒了吗？

2. 释"蹒跚"。它指"走路摇摇晃晃不稳"。又，"老妇蹒跚而行"，意为"老妇人走路摇摇晃晃的"。又，"因足伤，只得蹒跚而出户"，意为"因为脚受伤，只能摇晃着走出门"。

## 训练

1 解释加点的词。

① 人语________ ② 举________ ③ 耶________

2 翻译。

奈何掷我苦之

______________________________________________

3 这则寓言告诉我们什么道理?

______________________________________________

______________________________________________

# 52 灵丘老人养蜂

灵丘①老人善养蜂，岁收蜜甚多，家富。叟卒，其子继之。未期月，蜂有举族去者，而子不恤。又岁余，尽去，其家遂贫。人有问者，其邻陶氏曰："昔者老人之养蜂也，庭有庐，庐有守，蜂疏密有序，夏不烈日，冬不寒，其取蜜也，分其余而已，不竭其力也。今则不然，园②坏而不修，污秽不治，燥湿不调，启闭无节，而蜂不乐其居也。于是蟖③同其房而不知，蚁钻其室而不禁，鸟食之于白日，狐窃之于昏夜，而莫之察也，唯取其蜜，蜂焉得不去？"

## 注 释

① 灵丘：古地名。 ② 园：此指蜂窝。 ③ 蟖(sī)：一种毛虫。

## 小知识

1. 任何事情都要管理。灵丘老人把蜜蜂管得好好的，而他死后，儿子什么都不管，只知道取蜜，结果蜜蜂都飞走了。

2. 释"叟(sǒu)"。它指"老头儿"。上文"叟卒"，意为"老人死了"。又，"此叟已九十，然体健，尚能自食其力"，意为"这老头年已九十，然而身体健康，还能依靠自己的能力养活自己"。又，"二叟同行，且至黄山"，意为"两个老头一同出行，将要到黄山去"。

## 训 练

1 解释加点的词。

① 卒________ ② 恤________ ③ 竭________ ④ 调________

2 翻译。

① 莫之察也

______________________________________________

② 唯取其蜜,蜂焉得不去

______________________________________________

3 写出两个与蜂有关的成语。

______________________________________________

______________________________________________

## 训 练

1 解释加点的词。

① 良________ ② 厌________ ③ 贾________

2 翻译。

① 子无以应

________________________________________

② 王怒而逐芮伯

________________________________________

3 简要评析一下芮伯、芮季这两个人物。这个故事给了我们什么启示？

________________________________________

________________________________________

# 54 郭纯伪哭

郭纯丧母，每至墓地大哭，群鸟毕集，人以为其甚孝所致。郡守闻之，遣吏验其实，确有之，乃旌①表门闾②。村人以为异事，遂窥之，乃撒谷于地，群鸟争相食之。人揭之，乃伪哭也，终为世人嗤之。

## 注释

① 旌(jīng)：表彰。 ② 闾：此指村庄。

## 小知识

1. 假的终究是假的，瞒得了一时，瞒不了长久。郭纯假哭，曾骗了不少人，时间长了，终究被揭穿。

2. 释“窥”。它指“偷偷地看”或“看”。上文“遂窥之”，意为“就偷偷地看郭纯的举动”。又，“鸟巢于低枝，其雏可俯而窥也”，意为“鸟在低矮的树上筑巢，那小鸟可以俯下身子悄悄地看到”。又，“吾所藏珍品，曾为人窥”，意为“我所藏的宝物，曾经被人偷偷看见”。

## 训练

1 解释加点的词。

① 毕________ ② 致________ ③ 揭________ ④ 嗤________

可以转化为

，然而家有败家子，

之"，意为"邻居们都来慰问那个老

## 训 练

1 解释加点的词。

① 居________ ② 富________ ③ 跛________ ④ 化________

2 翻译。

① 马无故亡而入胡

________________________________________

② 丁壮者引弦而战

________________________________________

3 这则寓言故事的寓意是什么？

________________________________________

________________________________________

# 56 次非斩蛟

有次非者，义士也，得宝剑于吴①。反而涉江，船至中流②，有两蛟③绕其船，风浪大作，舟中人皆恐。次非谓舟子④曰："子曾闻两蛟绕船而能活者乎？"舟子曰："未闻也。"次非曰："吾有宝剑，乃干将、莫邪⑤类也，可斩蛟除魔！"言已，攘臂祛⑥衣，跃入江中。瞬间，风止浪平，两蛟见杀，舟中人咸得活。

## 注释

① 吴：吴国。相传古代吴国善铸宝剑。 ② 中流：江中间。 ③ 蛟：龙一类的动物，传说它能发洪水。 ④ 舟子：船夫。 ⑤ 干将、莫邪：古代宝剑名。锋利的宝剑的代称。 ⑥ 祛(qū)：脱去。

## 小知识

1. 次非斩蛟除魔，为民除害，令人称颂。

2. 释"作"。"作"的本义是"人站起来"，引申为"起""发""发出"等。上文"风浪大作"，意为"掀起巨大的风浪"。又，"风雨大作"，意为"风浪大起"。又，"一鼓作气"，意为"第一次击战鼓，能发出极大的勇气"。

2 翻译。

① 卞庄以为然

② 贫者未必愚

3 两虎相争，一死一伤，却让旁边的人得了便宜。你能用一个成语概括这个意思吗？说说你从这个故事中得到的启示。

# 58 南人捕孔雀

罗州[1]山中多孔雀，群飞者数十为偶。雌者尾短无金翠[2]。雄者生三年有小尾，五年成大尾，自喜其尾而甚妒。凡欲山栖，必先择有置尾之地，然后止焉。南人欲捕者，俟雨甚而往擒之。孔雀尾沾而重，不能高翔。人至，因爱其尾，恐所伤，不复翔也。孔雀爱尾，竟为害己。

## 注释

① 罗州：古地名。 ② 金翠：金黄色与翠绿色。

## 小知识

1. 话说"孔雀"。孔雀多生长在南方，羽毛色彩艳丽。孔雀大多栖息在山脚下、溪水及农田附近，以吃种子、野果为主。

2. 释"竟"。它指"终""最终"等。上文"竟为害己"，意为"最终害了自己"。又，"经治，病竟愈"，意为"经过治疗，病终于好了"。又，"有志者事竟成"，意为"有志气的人，事业最终能成功"。

## 训练

1 解释加点的词。

① 妒________ ② 俟________ ③ 沾________ ④ 复________

## 训 练

1 解释加点的词。

① 及________ ② 曳________ ③ 故________ ④ 踞________

2 翻译。

后民节其食,饱其犬

________________________________________

3 这个故事告诉我们什么道理?

________________________________________

________________________________________

# 60 猎人与猎狗

齐有人好猎，然久而不得。入则愧其家室，出则惭于友。友曰："尔所以不得者，狗劣也。"齐人欲市良狗，然家贫无以市之。友又曰："尔先无猎，还而耕，耕则有获，获多则可市良狗。齐人从之，还而疾耕①，日出而作，日入而息，是年丰收。翌年又丰收。家渐裕。家富有余，则市得良狗。其狗良，故所猎常过于人。

## 注释

① 疾耕：努力耕作。

## 小知识

1. 事物往往互相关联。古人说"工欲善其事，必先利其器"。砍柴的先要把刀磨得锋利，犁地的先要把牛喂饱，捕鱼的先要把网编好。刀不锋利，怎能砍柴？牛不喂饱，怎能犁地？网没编好，怎能捕到鱼？上文所说的猎人，原来就是因为猎狗拙劣，所以捕不到野兽。

2. 释"良"。上文说的"良狗"，是指"好的狗"。又，"彼乃吾良友也"，意为"他是我的好朋友"。又，"令曰：此良人也，释之"，意为"县官说：这是好人，把他释放了"。

## 训练

1 解释加点的词。

① 惭________ ② 市________ ③ 无以________ ④ 息________

# 61 道士救虎

一夕，山洪大发。人骑木乘[1]屋，号呼求救者，声相连也。道士具大舟，立水浒，见人则投木、索引之。有兽没于波涛中，昂其首而左右盼，若求救者也。道士曰："是亦有生命，必速救之。"舟者[2]移船往，以木引之上，乃虎也。始则昏昏然坐而舐其毛，后则瞠目视道士，跃而攫之。舟人奔救，道士不死而重伤焉。人曰："虎者，食人乃其本性也，何救之？"

## 注释

① 乘：登上。　② 舟者：船夫。

## 小知识

1. 老虎的本性是要吃人的。上文中道士发善心救老虎，险些性命不保，幸亏船夫及时救了他。

2. 释"具"。它指"准备""备办"等。上文"道士具大舟"，意为"道士准备了大船"。又，"天雨，具雨伞出门"，意为"天下雨，出门要准备雨伞"。又，"为防虎狼，其上山时具弓箭"，意为"为了防止虎狼袭击，他上山时准备了弓箭"。

3. 释"引"。它指"拉""牵"等。上文"引之上"，意为"把老虎拉上来"。又，"人有落坎中，众人引其上"，意为"有人掉进坑中，大伙儿拉他上来"。又，"引犬而行"，意为"牵着狗走路"。

## 训练

1 解释加点的词。

① 浒________ ② 没________ ③ 盼________ ④ 舐________

⑤ 瞠目________

2 翻译。

① 有兽没于波涛中

________________________________________

② 何救之

________________________________________

3 从这个故事中你得到了什么启示？

________________________________________

________________________________________

# 62 黠　鼠

苏子[①]夜读，有鼠方啮，击床而止之，既而复作。使童子[②]烛之。“嘐嘐”之声出于橐[③]中。童子曰：“此鼠之见闭而不得出也。”发而视之，寂无所有，举烛而索，中有死鼠。童子惊曰：“是方啮也，何为遽死耶？向为何声，岂有鬼也？”覆而出之，鼠堕地疾走，虽敏者亦手足无措。

## 注释

① 苏子：指宋代著名文学家苏轼（shì）。　② 童子：小书僮。　③ 橐（tuó）：皮袋。

## 小知识

1. 狐狸是很狡猾的动物，人们不易捕捉，想不到老鼠也很狡猾，它竟然会装死，逃过一劫。

2. 释“见”。上文“见闭”中的“见”，解释为“被”，“见闭”即“被关住”。又，“其人越货，见杀”，意为“那家伙抢劫财物，被杀”。又，“其言谬，见笑”，意为“他的话荒唐，被人讥笑”。

3. 话说“床”。我国古诗文中的床与现代的床有所区别，上文中的“床”指坐卧两用的器具。

## 训练

1 解释加点的词。

① 方________　② 索________　③ 向________　④ 堕________

⑤ 敏________

2 翻译。

① 既而复作

______________________________

② 何为遽死耶

______________________________

3 这个故事中老鼠成功逃脱的主要原因是什么？

______________________________

______________________________

# 63 稚犬衔虎尾

赵金家犬生三子，甫[①]两月，随母行。一虎呼啸出林，疾奔母犬。母犬亟召子伏身下，然一子已为虎所噬。赵金呼邻里壮士，持矛逐虎。二稚犬奔衔虎尾。虎带之走。犬为荆棘挂胸，皮毛殆尽，终不肯脱。虎因尾为稚犬所累，掉[②]尾不得脱，行渐迟。众人呐喊而前，追及，毙于众人矛下。噫！稚犬亦机灵矣！

## 注释

① 甫(fǔ)：刚。 ② 掉：摆动。

## 小知识

1. 三只小狗，其中一只被老虎吃掉，另外二只不顾自己的安危，拼命咬住老虎的尾巴不放。老虎尾巴上带着两只小狗不能快逃，于是被追逐而来的众人打死。其情其勇，令人感动。

2. 释“疾”。上文“疾奔母犬”中的“疾”，指“快速”。又，“疾风自东来”，意为“快速的风从东面吹来”。又，“疾行之，则半日可至”，意为“快走，那么半天便可到达”。

3. 释“殆(dài)”。上文“皮毛殆尽”中的“殆”，解释为“几乎”“近乎”等，句意为“小狗身上的毛几乎被荆棘挂掉完了”。又，“天久旱，池将涸，鱼鳖殆尽”，意为“天长久干旱，池塘将要干涸，鱼与鳖几乎死光”。

## 训练

1 解释加点的词。

① 亟________ ② 噬________ ③ 逐________ ④ 及________

2 翻译。

虎因尾为稚犬所累

________________________________________

3 从这个故事中你得到了什么启示？

________________________________________

________________________________________

# 64 鸲鹆与蝉对话

鸲鹆[①]出于南方，南人罗[②]而调其舌，唯能效数声而已。

蝉鸣于树，鸲鹆闻而讥之。蝉谓鸲鹆曰："子能人言，甚善。然子之所言，犹若未言也，曷若我自鸣其意也！"鸟俯首而惭，终身不复效人言。

## 注 释

① 鸲鹆(qú yù)：一种鸟，俗称"八哥"。 ② 罗：用网捕捉。

## 小知识

1. 鸲鹆与蝉谁说的对呢？似乎蝉说的更有道理。因为鸲鹆只能模仿人说话，而蝉的鸣叫则是表达自己的心声。人呢？如果人云亦云，难免要被他人讥笑，应该有自己的思想、观点。作文也类似，一味模仿别人，没有自己的见解，称不上上品。

2. 释"唯"。上文"唯能效数声而已"中的"唯"，指"只""只会"。句意为"只能效仿几句罢了"。又"唯有此路可进山"，意为"只有这条路可以进山"。又，"唯有勤学，方能有才"，意为"只有勤奋学习，才能有才能"。

3. 释"效"。上文"唯能效数声而已"中的"效"，指"模仿"。又，"其字，效颜体也"，意为"他的字是模仿颜真卿的字"。又，"勿轻易效人潜水，危矣"，意为"不要轻易模仿别人潜水，这是危险的事"。

## 训练

1 解释加点的词。

① 调________ ② 犹________ ③ 俯________ ④ 复________

2 翻译。

① 子能人言，甚善

______________________________

② 曷若我自鸣其意也

______________________________

3 鸲鹆为什么“俯首而惭”？你由此得到了什么启发？

______________________________

______________________________

# 65 蛛与蚕问答

蛛见蚕吐丝为茧，乃曰："汝之吐丝，终日辛劳，讫自缚，何苦为也？蚕妇操汝入沸水，抽为长丝，遂丧躯。然则其巧也，正以自杀，不亦愚乎？"蚕对曰："吾固自杀。然世人无吾，非寒冻而殁[①]乎？尔口吐经纬[②]，织成罗网[③]，坐伺其间，俟百飞虫投网而自饱，巧则巧矣，其心何忍！"噫[④]！世之人为蚕乎？抑为蛛乎？

## 注释

① 殁(mò)：死。 ② 经纬：指纵横的丝。 ③ 罗网：指丝网。 ④ 噫：唉。

## 小知识

1. 释"讫"。它指"终""最终"或"结果"。上文"讫自缚"，意为"最终自己缚住自己"。又，"讫无人助"，意为"最终没人来帮助"。又，"路遥，无人知讫"，意为"路途遥远，没人知道终点"。

2. 释"抑"。它指"还是"。上文"世之人为蚕乎？抑为蛛乎？"，意为"世上的人，(准备)做蚕呢，还是(打算)做蜘蛛"。又，"为农抑为商，其无定也"，意为"做农夫还是经商，他没确定"。又，"为虎所食，抑为狼吞，人皆不知"，意为"被虎吃了，还是被狼吞了，人们都不知道"。

## 训 练

1 解释加点的词。

① 沸水________ ② 躯________ ③ 对________ ④ 俟________

2 翻译。

① 吾固自杀

____________________

② 坐伺其间

____________________

3 上文中的蛛和蚕各代表什么人？

____________________

____________________

# 66 岳飞大败“拐子马”

金兀术[①]有劲军，皆重铠[②]，三人为联，号“拐子马”。宋军难挡。后兀术以万五千骑来。飞戒步卒以麻扎刀入阵，勿仰视，第砍马足。拐子马相连，一马仆，二马遂不得行。官军奋击，遂大破之。人曰：岳飞以智胜敌，敌未之知也。

## 注释

① 金兀(wù)术：金国大将。 ② 重铠(kǎi)：厚厚的铁制衣服。

## 小知识

1. 岳飞，抗金名将，字鹏举。南宋时期，金军几次南下，岳飞率岳家军从金人手中收复了不少失地。后来宋高宗赵构和宰相秦桧担心抗金力量壮大会威胁到自身的统治、权势，下令岳家军班师回朝，并捏造莫须有的罪名，将岳飞杀害。今杭州有岳庙。

2. 释“戒”。上文“飞戒步卒”中的“戒”，指“告诫”。又，“父戒勿赌”，意为“父亲告诫他不要赌博”。又，“母戒儿：不与是人为友”，意为“母亲告诫他，不要跟这人做朋友”。

3. 释“卒”。“卒”指“兵”“士卒”。上文说的“步卒”，即“步兵”。又，“其卒数万”，意为“他有好几万兵”。又，“士卒死者大半”，意为“士兵大半战死了”。

## 训练

1 解释加点的词。

① 劲________ ② 仆________

2 翻译。

勿仰视,第砍马足

______

3 你还知道哪些与岳飞有关的故事?试写出一二。

______

______

# 67 弟释雏燕

吾弟爱鸟，日思得一雏。今春，有燕自南来，竟日①衔泥，筑巢于檐下，劳甚。未几，“啾啾”之声可闻，盖雏已出壳矣。一日，有雏坠于阶下，弟拾之，不胜喜，纳于笼中而饲之。母见之，曰：“是乃益鸟也，食害虫，且南飞越冬，尔安得久饲之？”趣②弟遽释之。弟恋恋不舍，然视雏甚哀，遂出笼释之。雏飞于巢，与母熙熙③而乐也。

## 注释

① 竟日：整天。　② 趣：催促。　③ 熙熙：欢乐的样子。

## 小知识

1. 燕子是有益的飞鸟，春天北上，冬天南下过冬。多数人认为燕子来筑巢是喜事，伤害燕子是缺德的行为。

2. 释“释”。它指“放走”“解脱”等。上文“释之”，意为“把燕子放飞”。又，“犬啮贼不释”，意为“狗咬住小偷不放”。又，“有伤雁坠庭，治愈即释之”，意为“有受伤的雁坠落在院子里，治疗好了就放走它”。

## 训练

1 解释加点的词。

① 盖________　② 坠________

2 翻译。

尔安得久饲之

______________________________

3 上文中母亲为什么反对弟弟饲养雏燕？请用自己的话回答。

______________________________

______________________________

# 68 楚王射猎

楚[1]王猎于云梦[2]，使人驱禽兽而射之。飞禽走鹿出于王之右。麋[3]逸于王之左。王欲引弓射之，又有鹄[4]掠过。王不知射何也。养由基[5]曰："臣之射也，置一叶于百步之外，十发而十中。若置十叶于前，则中不中非臣所能必[6]也。"王曰："何为？"养由基曰："心不专也。"

## 注释

① 楚：古国名。 ② 云梦：古代的一片大沼泽地。 ③ 麋(mí)：麋鹿，哺乳动物，毛淡褐色，雄的有角，角像鹿，尾像驴，蹄像牛，颈像骆驼，但从整个来看哪一种动物都不像。性温顺，吃植物。原生活在我国，是一种珍稀动物。也叫四不像。 ④ 鹄(hú)：天鹅。 ⑤ 养由基：传说中古代善射的人。 ⑥ 必：肯定。

## 小知识

1. 楚王射猎，一无收获。什么原因呢？是他不专心：一会儿想射鹿，一会儿想射麋，看见天鹅飞过，又想射天鹅。于是什么都没得到。这说明专心是十分重要的。养由基用射树叶作比喻，把这个问题说得清楚明白。

2. 释"驱"。它指"赶""赶着"。上文"驱禽兽"中的"驱"，即指"赶"，意为"把禽兽赶出来"。又，"狼为人所驱"，意为"狼被人赶走了"。又，"牛行迟，驱也无用"，意为"牛走得慢，赶它也没用"。

## 训 练

1 解释加点的词。

① 逸________ ② 欲________ ③ 掠________ ④ 置________

2 翻译。

则中不中非臣所能必也

________________________________________

3 这个故事对我们有什么启示?

________________________________________

________________________________________

# 69 鲁侯养鸟

昔者海鸟止于鲁郊，鲁侯[①]御车[②]而觞[③]之于庙。奏乐以为乐，具太牢以为膳。鸟乃眩视忧悲，不食肉，不饮水，三日而死。鲁侯怪之，曰："吾待其甚厚，何速亡之？"臣曰："此以己养养鸟也，非以鸟养养鸟也。"呜呼！鲁侯亦蠢矣！

## 注释

① 鲁侯：鲁国国君。　② 御车：用自己的车子迎接。　③ 觞（shāng）：酒杯。此指敬酒。

## 小知识

1. 鲁侯用自己的生活方式来养鸟，尽心竭力，然而不对路，好心做了坏事。

2. 释"具"。"具"可指"准备""备办"。上文"具太牢以为膳"，意为"备办了祭祀用的牛、羊、猪的肉作为膳食"。又，"具食迎客"，意为"准备了吃的迎接客人"。又，"具车而行"，意为"准备了车(马)出发"。

3. 话说"庙"。上文中所说的"庙"，指的是祖庙。古代帝王与贵族都有"庙"，在庙里有神像或灵位，子孙定期祭祀。

## 训练

1 解释加点的词。

① 昔________　② 膳________　③ 眩________　④ 厚________

2 翻译。

① 鲁侯怪之

______________________________

② 非以鸟养养鸟也

______________________________

3 请你概括一下这则寓言的寓意。

______________________________

______________________________

# 70 小儿饲鹊

庭有树，其上一巢，鹊育二子，日“呱呱”自鸣，乐甚也。后值狂风，树折巢毁，二雏坠地。儿见之，不胜喜，旦夕喂之，稍长而飞。邻有猫，攫之而去。儿逐之不及，顿足而泣。母曰：“早知是，汝应放其林间，且不为猫所食。是乃汝之过也。”翌年①，又见雏坠地，儿缘树而上，置于巢中，不复己养也。母曰：“有过则改，乃为善人。”

## 注释

① 翌年：第二年。

## 小知识

1. 猫吃小鸟，这是正常的事。小儿后来改正了错误，这是好事。俗话说“吃一堑，长一智”，没有人从不犯错误，有错便改，不犯同样的错就好了。

2. 释“庭”。上文“庭有树”中的“庭”，指“院子”。又，“庭中有牛棚”，意为“院子里搭建了牛棚”。它有时也指“大厅”。如“大庭广众”，意为“大的厅堂里人很多”。

## 训练

1 解释加点的词。

① 稍________　② 且________　③ 缘________

2 翻译。

① 儿逐之不及

______________________________

② 有过则改,乃为善人

______________________________

3 这个故事告诉我们什么道理?

______________________________

______________________________

# 71 对牛弹琴

昔公明仪为牛弹高雅之曲。牛伏食如故。非牛不闻，不合其耳也。转为蚊虻①之声，孤犊②之鸣，即掉尾③奋耳，徘徊而听。

## 注释

① 虻：牛虻。 ② 孤犊：孤独的小牛。 ③ 掉尾：摆动尾巴。

## 小知识

1. 做事要看对象。给牛弹高雅的曲子，这是不看对象，后改为模仿蚊子、牛虻的叫声和孤独的小牛的声音，牛就会去注意听。

2. 释“掉”。文言文中的“掉”与现代汉语中的“掉”含义相差很大。上文中的“即掉尾奋耳”中的“掉”指“摆动”“摇动”“甩动”，句意为“牛就摆动尾巴竖起耳朵”。又，“其人忿，掉臂而去”，意为“那人生气了，甩动手臂离开”。又，成语“尾大不掉”，原指尾巴太大不好摇动，后比喻下级单位或人员太多，指挥不灵。

## 训练

1 解释加点的词。

① 为________ ② 奋________ ③ 徘徊________

2 翻译。

徘徊而听

______________________________

3 这个故事的寓意是什么？

______________________________

______________________________

# 72 小儿不畏虎

有母浣[1]衣水滨，置儿去五丈许。未久，虎自山上驰来。母遽跃入水中避之。虎近小儿。母自念，儿必死也。虎吼，又以首抵小儿。小儿以为犬也，无所畏惧。虎怪之，以为奇。寻虎去。母从水中出，见儿无恙。大喜过望。噫！虎之食人也，必先加之以威，而小儿不知威，以故全其身。

## 注释

① 浣：洗。

## 小知识

1. 老虎要吃人，先要大吼，显示它的威势。如果人逃跑，它就猛追，那赤手空拳的人必死无疑。然而小儿不怕老虎的吼叫，也不怕老虎的抵触，因而逃过一劫。世上罕有这种奇异的事。

2. 释"寻"。上文"寻虎去"中的"寻"，解释为"不久"。又，"祖父为毒蛇所咬，寻死"，意为"祖父被毒蛇咬了，不久便死去了"。又，"忽暴雨，寻又日出"，意为"突然天下大雨，不久太阳又出来了"。

3. 释"恙"。它指"疾病""伤害"等。上文"见儿无恙"，意为"看到儿子没受伤害"。又，"别后无恙，请勿念"，意为"分别后没有什么病，请勿挂念"。

## 训 练

1 解释加点的词。

① 滨________ ② 许________ ③ 遽________ ④ 抵________

2 翻译。

虎怪之，以为奇

________________________________________________

3 下列选项中对上文内容理解有误的一项是(  )。

A. 上文运用了对比衬托的写法来突出人物形象

B. 面对凶猛的老虎，文中妇人急中生智，跳到水里躲起来，其反应之敏捷、动作之迅速令人称赞

C. 上文从字面意思来看是：天真的人对外界的事物毫无戒心，不知道什么叫做危险，或许能够避免一场危险

D. 上文给我们的深层启迪很多，如：对所有艰难困苦、挫折磨炼，都不应该望而生畏，自伤锐气，应当无所畏惧，这样才能成功有望

# 73 人有问刘山者

人有问于刘山："多言有益乎？"刘山不应。人又问："少言有益乎？"刘山又不应。其人茫然。刘山曰："蝇蛙日夜恒鸣，有人听乎？"曰："无人听。"刘山曰："言者当时之言也。子应知雄鸡晨鸣，天下大白。男者出耕，女者纺织。此为适时言也。"刘山之言为真理也。其人恍然大悟①。

## 注释

① 悟：领会。

## 小知识

1. 说话或写文章不在于多少，不在于长短。该说的时候要说，不该说的时候没必要说，关键在于适当两字。

2. 释"恒"。它指"持久"或"经常"等。上文"日夜恒鸣"，意为"整日整夜地鸣叫"。又，"唯有恒心钻研，任何学业皆能成功"，意为"只要有持久的决心，任何学业都能成功"。

## 训练

1 解释加点的词。

① 益________ ② 应________ ③ 茫然________ ④ 恍然________

2 翻译。

此为适时言也

______________________________

3 读完这个故事后你懂得了什么道理?

______________________________

______________________________

# 74 长 毛 兔

陆家饲长毛兔，白如雪，人见咸爱之。每值春夏之季，剪其毛，纺成线状①，其妻手巧，能织成兔毛衣，既轻又柔。邻居羡之，欲求其毛。妻曰："予尔毛，不如予尔兔，兔可生崽，代代不尽，用之不竭。"邻居曰："是言确，谚有'予人鱼，不如予人渔。"陆妻遂奉②邻雌雄各一，邻欲以谷酬之，陆氏妻婉拒。

## 注 释

① 状：……的样子。 ② 奉：送。

## 小知识

1. "予人鱼，不如予人渔"，意思是给人鱼，不如教人捕鱼的方法。上文所写正是这个道理。

2. 释"予"。上文"予尔毛"及"予尔兔"中的"予"，均指"给""送给"等。又，"友尝予吾一玉坠"，意为"朋友曾经给我一块玉坠"。又，"此乃吾所宝，不得予尔"，意为"这是我的珍宝，不能给你"。

## 训 练

1 解释加点的词。

① 饲________ ② 咸________ ③ 值________ ④ 崽________

2 翻译。

① 每值春夏之季

______________________________

② 邻欲以谷酬之

______________________________

3 写出两个与兔有关的成语。

______________________________

______________________________

# 75 歧路亡羊

杨子之邻人亡羊，既率其党[1]追之。又请杨子之竖[2]追之。杨子曰："嘻！亡一羊，何追者众？"邻人曰："多歧路。"既反，问曰："获羊乎？"曰："亡之矣。"曰："奚亡之？"曰："歧路中又有歧焉，吾不知其所之，所以反也。"杨子叹曰："歧路之多，故羊不得。"

## 注释

① 党：此指亲戚。 ② 竖：僮仆。

## 小知识

1. 杨子的邻居丢失了羊，很多人去追寻它，可始终未得。因为歧路实在太多，不知羊逃往何处。

2. 释"之"。上文有好几个"之"字。"杨子之邻人"中的"之"，意为"的"。"追之"中的"之"，指代"羊"。"亡之矣"中的"之"，作助词用，无义。"吾不知其所之"中的"之"指"去向"。另外，这个"之"要特别注意，因为它有时作动词用。如，"尔之何？"意为"你去哪儿"。又，"吾欲之华山"，意为"我想到华山去"。

## 训练

1 解释加点的词。

① 既________ ② 反________

2 翻译。

何追者众

______________________________

3 这个故事的寓意是什么？

______________________________

______________________________

# 76 牧竖巧逮小狼

两牧竖[1]入山至狼穴，见穴中有小狼二，谋分捉之。持二狼各登一树，相去数十步。少顷，大狼至，入穴失子，意甚仓皇。一竖于树上扭小狼蹄、耳，故令嗥[2]。大狼闻声仰视，怒奔树下且号且抓。其一竖又在彼树致小狼嗥。大狼闻声四顾，乃舍此趋彼，号抓如前状。前树又鸣，又转奔之。口无停声，足无停止，数十往复，奔渐迟，声渐弱，既而奄奄[3]僵仆，久之不动。两牧竖下树视之，气已绝矣，遂得小狼二。

## 注释

① 牧竖：牧童。 ② 嗥(háo)：野兽的吼叫。 ③ 奄奄：气息微弱的样子。

## 小知识

1. 话说“狼”。它是一种凶狠的动物，足长体瘦，通常多见黄褐色，常栖息于山地或林中，平时单独行动，冬季则集合成群，袭击鸡、犬、羊等动物，危害畜牧业及人类。它的毛皮较珍贵，可制衣等。

2. 释“去”。它多指“距离”或“离开”等。上文“相去数十步”，意为“相距几十步”。又，“吾去尔舍仅五里许”，意为“我家离你家只不过五里路左右”。

## 训练

1 解释加点的词。

① 穴________ ② 谋________ ③ 仓皇________ ④ 仰________

⑤ 号________ ⑥ 彼________

2 翻译。

① 谋分捉之

________________________________________

② 乃舍此趋彼

________________________________________

3 请说说你对这个故事中大狼做法的感受。

________________________________________

________________________________________

# 77 饿死狙公

楚有养狙[①]以为生者，楚人谓之狙公。每旦，必使老狙率众狙之山中，求草木之实，然后赋十二以自奉[②]。若不予，则鞭棰焉。众狙皆苦之，弗敢违。

一日，有小狙谓众狙曰："山之果，公所树欤？"曰："否，天生也。"曰："非公而不得取欤？"曰："否，皆可取也。"曰："然则吾何赖于彼而为之役乎？"言未既，众狙皆悟。

其夕，众狙伺狙公之寝，破栅毁柙[③]，取其积，相携而入林中，不复归。狙公卒馁而死。

## 注释

① 狙(jū)：猴子。 ② 自奉：供自己享食。 ③ 柙(xiá)：木笼。

## 小知识

1. 这则寓言，是作者用来告诫统治者不要无限制地搜括百姓，无度地让百姓从事劳役，一旦百姓觉悟，就会起来造反。秦朝、隋朝的快速灭亡，就是历史的明证。

2. 释"既"。它多指"已经""尽""完了"等。上文"言未既"，意为"话还没说完"。又，"既得，遂去"，意为"已经获得了，就离去"。

## 训 练

1 解释加点的词。

① 旦________ ② 之________ ③ 实________ ④ 棰________

⑤ 树________ ⑥ 悟________

2 翻译。

① 吾何赖于彼而为之役乎

________________________________________

② 狙公卒馁而死

________________________________________

3 下列说法中符合文意的一项是(　　)。

A. 狙公每天早晨率领猴子们到山中去寻找草木的果实

B. 狙公每天都用鞭子抽打猴子,目的是训练它们,让它们听话

C. 猴子遭打,被奴役,最终出走林中。这个故事喻示一个道理:被奴役者只有反抗才有出路

D. 狙公不愿劳动,靠猴子来养活自己,最终饥饿而死。这个故事说明一个道理:靠别人是靠不住的

# 78 狐假虎威

虎求百兽而食之，得狐。狐曰："子无敢食我也！天帝使我长[1]百兽，今子食我，是逆天帝之命也。子以我为不信[2]，吾为子先行，子随我后，观百兽之见我而敢不走乎？"虎以为然，故遂与之行。兽见之皆走。虎不知兽畏己而走也，以为畏狐也。

## 注释

① 长(zhǎng)：做……首领。 ② 信：诚实。

## 小知识

1. 这只狐狸十分狡猾，它不仅没有被老虎吃掉，还借着老虎的威势，在百兽面前逞了一次威风。这种现象，在封建社会也时有所见。有人借着主子有财势，便欺压平民；有人借亲戚是做高官的，于是横行不法。对这类人，只有揭穿他们的本质，社会才会安定。

2. 释"假"。"狐假虎威"中的"假"，解释为"借""凭借"。又，"彼假其有力，常无故欺人"，意为"他凭借自己身强力壮，常常欺侮别人"。又，"假其父有势，则随意击人"，意为"凭借他父亲有权势，便随意打人"。

3. 释"然"。上文"虎以为然"中的"然"，指"对的""真的"等。又，"其言妄也，吾不以为然"，意为"他在胡说，我不认为是对的"。又，"子欲吹箫，父然之"，意为"儿子想学吹箫，父亲认为是好事"。

## 训练

1 解释加点的词。

① 子________ ② 逆________

2 翻译。

虎不知兽畏己而走也

________________________________________

3 这个故事告诉我们的道理是什么？

________________________________________

________________________________________

# 79 赵人养猫

赵人患鼠，乞猫于中山。中山人予之猫，善捕鼠及鸡。月余，鼠尽而其鸡亦尽。其子患之，告其父曰："盍①去诸？"其父曰："是非若所知也。吾之患在鼠，不在乎无鸡。夫有鼠，则窃吾食，毁吾衣，穿吾垣墉②，毁伤吾器用，吾将饥寒焉，不病于无鸡乎？无鸡者，弗食鸡则已耳，去饥寒犹远，若之何去夫猫也？"

## 注释

① 盍：何不。 ② 垣墉（yuán yōng）：墙。

## 小知识

1. 赵人家的猫既捕鼠，又抓鸡吃，有优点也有缺点，这下难煞了他。他的儿子认为要扔掉猫，保护鸡，可父亲认为猫不能扔掉，因为无猫，鼠便猖厥。比较起来，没鸡吃，终比鼠患好一点，所以宁愿无鸡而让猫捕鼠。

2. 释"病"。"病"指生病，这容易理解，但它有不少引申义项。如"尔之病在于不学术"，意为"你的缺点在于不学习无技能"。又，"秦王暴政，百姓病矣"，意为"秦王治国暴虐，百姓困苦不堪"。

## 训练

1 解释加点的词。

① 乞________ ② 予________ ③ 已________

2 翻译。

① 盍去诸

② 是非若所知也

③ 若之何去夫猫也

3 从这个故事中你得到了什么启示？

# 80 山猫嗤虎

虎出觅食，见山猫，欲啖之。猫遽缘树而上，曰："尔能上树食我乎？"虎无言而对。移时[①]，猫下树，不意虎蹲于巨石旁伺之，见猫下树，亟猛扑。猫速入洞。洞窄，虎不得入。猫于洞中曰："吾居虽小，其乐无穷，饿死老虎，终为猎人所获。"虎无奈，怏怏[②]而去。猫见虎去，遂出洞觅鼠。不数日，虎为猎人所获。

## 注释

① 移时：不多时。　② 怏怏：心中不愉快。

## 小知识

1. 老虎要吃山猫，猫急躲避，而老虎呢，最终却被猎人捕获。这叫一物克一物。

2. 释"……为……所……"。这是一个被动句式，相当于"被"。上文中"虎为猎人所获"，意为"老虎被猎人捕获"。又，"农妇为蛇所伤"，意为"农妇被蛇咬伤"。又，"副将为流矢所中"，意为"副将被乱箭射中"。

## 训练

1 解释加点的词。

① 觅________　② 啖________　③ 对________　④ 伺________

2 翻译。

遂出洞觅鼠

______________________________

3 写出两个与猫有关的成语。

______________________________

______________________________

# 81 卢仁与鹤

卢仁畜二鹤，甚驯。后一创死，一哀鸣不食。一旦，鹤绕卢侧。卢曰："尔欲去，吾不羁也。"鹤振翅云际，徘徊再三，乃去。卢老病无子女，归卧乡间，深秋萧索①，拄杖林间。忽见一鹤盘空，鸣声凄厉②。卢仰曰："若非吾昔日之侣也？果是，愿下之。"鹤竟翩翩而下，投入卢怀中。卢遂引之归。

## 注释

① 萧索：萧条冷落。　② 凄厉：悲哀的样子。

## 小知识

1. 人有情，鹤也有义。卢仁放飞了这鹤，老来却又见此鹤，似来陪伴孤单无依的卢仁。

2. 释"引"。上文"卢遂引之归"中的"引"，指"带着"，句意为"卢仁便带着它回家"。又，"路值野犬，引之归"，意为"路上恰巧遇到一只无人养的狗，便带着它回家"。

## 训练

1 解释

① 畜________　② 驯________　③ 创________

2 翻译。

① 鹤振翅云际

② 若非吾昔日之侣也

3 写出两个与鹤有关的成语。

# 82 指鹿为马

秦①末，赵高欲作乱②，恐群臣不从，乃先设验，持鹿献于秦二世，曰："马也。"二世笑曰："丞相③误也，是为鹿而非马。"赵高问左右，左右或言马，以谀赵高。或言鹿者，高阴中以法惩之。后群臣咸畏高，高悦之。此乃高之阴谋也。

## 注释

① 秦：秦朝。 ② 作乱：指夺取朝政大权。 ③ 丞相：指赵高。

## 小知识

1. 赵高是秦始皇手下的权臣，诡计多端，妄想夺取朝政大权。他用"指鹿为马"的方法，试探谁是追随他的，谁是反对他的。

2. 释"谀"。它指"奉承迎合"。上文"以谀赵高"，意为"用来对赵高进行奉承迎合"。又，"是人口蜜腹剑，勿谀之"，意为"这人说得好听，其实内心险恶不要奉承他。"又，"其人无德，望尔辈勿谀"，意为"那人缺德，希望你们不要对他奉承迎合"。

## 训练

1 解释加点的词。

① 从________ ② 持________ ③ 咸________

2 翻译。

① 左右或言马

② 高阴中以法惩之

3 上文中言鹿者为何人？言马者为何人？

# 83 千金买马骨

古有君人[①]，欲以千金求千里马者，三年而不得。宦者[②]言于君曰："请求之。"君悦，遂遣之。三月得千里马，马已死，买其骨五百金，反以报国君。君大怒，曰："吾所求者生马也，安用死马，且捐五百金？"宦者对曰："死马且[③]买之五百金，况生马乎？天下人必以为王能市马，马今至矣！"于是不满期年[④]，千里马至者三。

## 注释

① 君人：即国君。　② 宦者：太监。　③ 且：尚且。　④ 期年：一年。

## 小知识

1. 太监用五百金买了千里马的骨头，粗看似乎幼稚可笑。其实他是以此作为引子，让天下人知道国君真想要千里马。

2. 话说"太监"。太监是被阉割生殖器的男子。他们是皇宫中的奴隶，地位极低。为什么有人愿做太监呢？有的因为贫穷，有的因为犯了罪，也有的企图接近皇帝，谋求权势。在我国历史上，不少朝代是太监掌朝政大权的。

3. 释"遣"。上文"遂遣之"中的"遣"，解释"派""派遣"。句意为"国君于是派他去"。又，"遣人送简"，意为"派人送信"。又，"无人可遣，但自往"，意为"没人可派遣，只好自己去"。

## 训练

1 解释加点的词。

① 求________ ② 悦________ ③ 反________ ④ 捐________

2 翻译。

天下人必以为王能市马

________________________________________________

3 这位宦者"五百金"买下死马的骨头,其目的是什么?

________________________________________________

________________________________________________

# 84 画龙点睛

张僧繇(yóu)于金陵[①]安乐寺，画四龙于壁，不点睛。人异之。每曰："点之即飞去。"人以为诞，常促其点睛。张闻而不从。一日，又有众人促其点睛，曰："尔无讵吾辈，龙何能点睛而飞去！"张因点一龙，须臾雷电破壁，一龙乘云上天，不点睛者皆在。自此，张扬名金陵。人以点睛能手誉之。

## 注释

① 金陵：古城名。

## 小知识

1. 世上没有龙，更无点睛能飞上天的龙。上文比喻说话或写文章在关键之处说几句或写几句，让说的话、写的文章更切中要害。

2. 释"辈"。文言文中表达复数的词较少。上文中"辈"指多数，"吾辈"即"我们"。又，"吾辈咸不知其为古董"，意为"我们都不知它是古董"。

## 训练

1 解释加点的词。

① 诞________ ② 从________ ③ 讵________ ④ 因________

2 翻译。

① 人异之

______________________________

② 须臾雷电破壁

______________________________

3 画龙点睛常用来比喻什么？

______________________________

______________________________

# 85 马诉冤

刘承节奉命赴任郡守[①]，第与一子一仆乘马而行。午驻逆旅[②]，逢数客亦投宿焉。刘箧中银可百两。为客所窥。诸客皆贼也，欲劫其财。寡不敌众，刘承节与子仆皆仆地不起。逆旅主人遽告官。适主簿出巡，马迎之车前，屈足如拜。主簿怪之，曰："是必有冤诉。"于是随马而行，果见三人仆地，肢体尚温。主簿救之，并督吏访捕。不竟日而贼悉擒。

## 注释

① 郡守：郡的长官。　② 逆旅：旅馆。

## 小知识

1. 古时盗贼甚多，往往劫财夺货。有的因为家贫想一夜暴富，有的因赌博输钱，还有的是无法纳田租。总之，各色各样。刘承节防盗意识薄弱，他与子及仆差点儿因此丢了命。而马忠于主人，向主簿诉冤，终于把盗贼抓住了。

2. 释"第"。上文"第与一子一仆"中的"第"，解释为"只""只有"，句意为"只与一个儿子和一个仆人"。又，"第一幼狼耳，何惧之有"，意为"仅仅一只小狼罢了，有什么可怕的"。又，"第一草绳，非蛇"，意为"只是一根草绳，不是蛇"。

## 训练

1 解释加点的词。

① 亦________ ② 窥________ ③ 诸________ ④ 适________

2 翻译。

① 主簿怪之

________________________________________

② 不竟日而贼悉擒

________________________________________

3 写出两个与马有关的成语。

________________________________________

________________________________________

# 86 雁　奴

雁成群而栖，大者[①]居中，令雁奴围而警。人有捕雁者，俟无月，天阴暗，于瓦罐中藏烛[③]，数人持棒，屏气潜行。将及之，略举烛，便藏之。雁奴惊叫，大者亦惊。顷之，乃定。未久，捕者又举烛，雁奴又惊叫，如是者四五。大者啄雁奴。持烛者徐逼[②]之，更举烛。雁奴惧啄，不复叫矣。捕者乃高举烛，持棒击杀众雁。

## 注释

① 大者：领头的。　② 逼：靠近。　③ 烛：火炬。

## 小知识

1. 上文讽刺了外界的阴谋使忠于职责的成员蒙受冤屈，最终使集体利益受到损害的现象。

2. 释“徐”。上文“徐逼之”中的“徐”，指“慢”或“慢慢地”。“徐逼之”，意为“慢慢地靠近雁”。又，“若徐行，二日方至”。意为“如果慢行，两天才能到达”。又，“病徐转愈”，意为“病慢慢地好转了”。

3. 释“更”。上文“更举烛”中的“更”，解释为“再”，句意为“再举起火炬”。又，“更上一步”，意为“再向上走一步”。

## 训 练

1 解释加点的词。

① 栖________ ② 俟________ ③ 及________ ④ 顷________

⑤ 惧________

2 翻译。

① 屏气潜行

________________________________________

② 如是者四五

________________________________________

③ 持棒击杀众雁

________________________________________

3 群雁为什么认为雁奴在欺骗它们?

________________________________________

________________________________________

# 87 纥干狐尾

有纥(hé)干者，好戏剧[①]。邑传言有狐魅[②]，人心惶。一日，纥干得一狐尾，缀[③]于衣后，至妻旁，侧坐露之。其妻疑为狐魅，遂持斧欲砍之。纥干亟云："吾非魅。"其妻不信，仍举斧。纥干走，至邻家。邻家又以刀杖逐之。纥干遽扯其尾，立而谢，曰："我纥干也，第戏剧耳，无杀我。"纥干归，妻曰："此恶果自食也，无怨人。"自此，纥干不复戏剧也。

## 注释

① 戏剧：开玩笑。 ② 狐魅：狐狸装鬼。 ③ 缀：缝。

## 小知识

1. 上文中这种玩笑开不得，装神弄鬼，不仅吓人，而且有可能连自己的性命也不保。所以，开玩笑要有限度，要适当。

2. 释"邑"。它有时指"县"，有时指"当地"。上文"邑传言有狐魅"，其中"邑"可理解为"当地"。又，"邑无良医"，意为"当地没有好医生"。又，"邑中山上有草药"，意为"当地山上有草药"。又，"邑令年约四十"，这"邑"指"县"，"邑令"即"县官"，意为"县官年龄大约在四十岁左右"。

3. 释"谢"。上文"立而谢"中的"谢"，解释为"道歉""认错"等。又，"尔无故击人，当上门谢"，意为"你无缘无故打人，应该上门道歉"。又，"吾未错，决不谢"，意为"我没错，坚决不道歉"。

## 训 练

1 解释加点的词。

① 惶________ ② 至________ ③ 第________

2 翻译。

遂持斧欲砍之

________________________________________

3 这个故事对人们有什么启示？

________________________________________

________________________________________

# 88 农妇治创鹜

皖[①]南有一农妇，于河滨拾薪，微闻禽声，似哀鸣。熟视之，乃鹜[②]也。妇就之，见其两翅血迹斑斑，乃受创也。农妇奉之归，治之旬日，创愈。临去，频频颔之，似谢。月余，有鹜数十来栖于庭中树，且日产蛋多。妇不忍售之，即孵之，得雏成群。二年，农妇家小裕也。盖创鹜之报也。

## 注释

① 皖：古地名。 ② 鹜(wù)：鸭子，这里指野鸭子。

## 小知识

1. 受创的野鸭被农妇救了，这野鸭子以德报德，让人敬佩。

2. 释“熟视”。它指“仔细看”。上文“熟视之”，意为“仔细看那禽”。又，“熟视之，乃故友也”，意为“仔细看，原来是从前的朋友”。又，“熟视之，所烹之物乃鸭也，而非鸡”，意为“仔细辨认，所煮的是鸭子，而不是鸡”。

3. 释“创”。它指“伤”“受伤”等。上文“乃受创也”中的“创”，即为“伤”。又，“创方愈，即之田劳作”，意为“伤刚好，就到田间耕作”。又，“中箭，股创”，意为“被箭射中，大腿受伤”。又，“创方愈，又出征”，意为“伤刚痊愈，又上战场了”。

## 训练

1 解释加点的词。

① 滨________ ② 就________ ③ 奉________ ④ 旬日________

⑤ 售________

2 翻译。

有鹜数十来栖于庭中树

______________________________

3 从这个故事中你得到了什么启示？

______________________________

______________________________

# 89 巫马其买鸩酒

巫马其为荆王①使巴②，见人担酒，于是巫马其甚渴，欲市之。担者曰：“不售。”巫马其曰：“何以不售？”担者曰：“此为鸩酒③也。”巫马其固请市之。担者曰：“尔欲何用？”巫马其不对，曰：“金多少？”担者曰：“二十金。”其时巫马其唯有五金，曰：“吾唯有五金，益之车马可否？”担者颔之。巫马其得之，尽倾之于河。

## 注释

① 荆王：楚王。 ② 巴：巴国。 ③ 鸩（zhèn）酒：毒酒。传说中有鸟名鸩，喜食毒蛇，将它的羽毛浸渍在酒中，便成毒酒，能毒死人。成语有“饮鸩止渴”。

## 小知识

1. 巫马其不惜花五金，还加上车马，买下了鸩酒倒掉。他做了一件大好事。如果这酒被恶人买去，岂不要害死人吗？像巫马其这样的人，多多益善。

2. 释“售”。它指“出卖”。上文“不售”，即“不出卖”。又，“是小肆售油盐”，意为“这小店出卖油与盐”。又，“是刀已售完”，意为“这种刀已经卖完”。

3. 释“倾”。上文“尽倾之于河”中的“倾”，指“倒”“倒掉”。又，“谷皆倾于缸”，意为“谷子都倒在缸中”。又，“连日大雨，墙倾壁倒”，意为“连日下大雨，墙壁倒了”。

## 训 练

1 解释加点的词。

① 担________ ② 市________ ③ 固________ ④ 对________

⑤ 唯________ ⑥ 颔________

2 翻译。

益之车马可否

______________________________________________

3 读了这个故事后，你对巫马其有什么看法？

______________________________________________

______________________________________________

# 90 唐太宗得鹞

唐太宗①得鹞②，绝俊异，闲来无事，私自臂之。鹞时而昂首，时而舞翅。太宗甚悦。未久，遥见魏徵③来，遂匿于怀中。公④知之，遂前白事，因语古帝王逸豫⑤而国灭身亡之事，微以谏。语久，帝惜鹞且死，而帝素敬徵，欲尽其言。徵故语不尽，鹞竟死怀中。

## 注释

① 唐太宗：唐朝皇帝。 ② 鹞（yào）：一种猛禽。 ③ 魏徵：唐太宗的重臣。 ④ 公：指魏徵。 ⑤ 逸豫：安逸享乐。

## 小知识

1. 玩赏一只鸟，本是小事，但在魏徵看来，皇帝玩赏鸟是件大事。因为帝王要处理的事很多，怎能玩赏鸟呢？今日玩鸟，明日赏鹰，要玩赏的东西很多，这会把国事置于脑后。自古以来，玩物丧身国灭的事不少。魏徵的做法是正确的。

2. 释“素”。上文“帝素敬徵”中的“素”，解释为“一向”“向来”。句意为“唐太宗一向敬重魏徵”。又，“吾父待人素善”，意为“我父亲对人一向善良”。又，“彼素不食鱼”，意为“他向来不吃鱼”。

## 训练

1 解释加点的词。

① 绝________ ② 白________ ③ 谏________ ④ 且________

2 翻译。

① 私自臂之

______________________________

② 鹞竟死怀中

______________________________

3 故事中“徵故语不尽”的原因是什么？

______________________________

______________________________

# 91 群鹢啄鱼

人有鱼池，群鹢[①]窃食之，乃束草为人，披蓑[②]戴笠，持竹干，植诸池中以慑之。鹢初徘徊不敢栖。已而熟视之，乃草人也，遂飞止笠上，恬不知畏，啄鱼如故。主人见之，窃去草人，自披蓑笠而立于池中。鹢不知也，仍飞止其上。其人手执鹢足，鹢欲奋飞，声“假假”，其人曰：“先故假，岂今亦假耶？”自此，鹢无敢食鱼也。

## 注释

① 鹢(yì)：一种喜欢吃鱼的鸟。 ② 蓑(suō)：蓑衣，一种用草或棕毛制成的、披在身上的防雨用具。

## 小知识

1. 鹢食鱼，养鱼人先用草人威吓它，但时间长了，鹢识破了主人的诡计，于是像早先一样毫无顾忌地啄鱼。养鱼人有智慧，撤去草人，自披蓑笠，结果鹢自投罗网，养鱼人不仅吓走了鹢，还抓住了几只鹢，一举两得。所以做事要用智慧，不动脑筋，一味蛮干，是不行的。

2. 释“慑”。它指“害怕”“恐惧”或“威吓”等。上文“慑之”，意为“使鹢害怕”或“威吓鹢”。又，“有人以虎皮披，以慑人”。意为“有人将虎皮披在身上，用来吓人”。又，“无慑，此山无虎”，意为“不用害怕，这山上没老虎”。

3. 释“执”。它指“用手抓住”或“拿着”。上文“执鹢足”，意为“抓住鸟的脚”。又，“手执长矛与敌斗”,意为“手里拿着长矛,与敌人战斗”。又,“众执其臂,盗不得去”,意为“大家抓住了他的手臂,小偷无法逃离”。

## 训练

1 解释加点的词。

① 笠________ ② 熟视________ ③ 窃________

2 翻译。

① 恬不知畏,啄鱼如故

________________________________________

② 先故假,岂今亦假耶

________________________________________

3 鹳鸟为什么会被抓住?这则寓言的寓意是什么?

________________________________________

________________________________________

# 92 陈谏议教子

宋[1]陈谏议[2]家有劣马，性暴，不可驭，蹄啮伤人多矣。一日，谏议入厩[3]，不见是马，因诘仆："彼马何以不见？"仆言为陈尧咨售之商人矣。尧咨者，陈谏议之子也。谏议遽召子曰："汝为贵臣[4]，家中左右尚不能制，商人安能蓄之？是移祸于人也！"急命仆追商人取马，而偿其直。戒仆养之终老。时人称陈谏议有古仁人之风。

## 注释

① 宋：宋朝。 ② 谏议：朝庭的高官名称。 ③ 厩(jiù)：马棚。 ④ 贵臣：重要的大臣。

## 小知识

1. 这篇文章告诉我们为人处事要像陈谏议一样淳朴、忠信、宽容。要处处为他人着想，要讲诚信，不能坑害他人。

2. 释"诘"。它指"问"或"责问"。上文"因诘仆"，意为"于是问仆人"。又，"人诘其珠何来"，意为"人们问他珠子从哪里得来"。又，"人诘之，何为不食鱼"，意为"有人问他，为什么不吃鱼"。

3. 释"彼"。它指"那""那个"。上文"彼马何以不见"，意为"那匹马为什么不见了"。又，"彼与吾为友十载矣"，意为"那人跟我做朋友已十年了"。又，"彼自何来"，意为"那人从什么地方来"。

## 训练

1 解释加点的词。

① 驭________ ② 蹄________ ③ 是________ ④ 直________

⑤ 戒________ ⑥ 风________

2 翻译。

① 不见是马

__________________________________________

② 商人安能蓄之

__________________________________________

3 这个故事对人们有什么启示？

__________________________________________

__________________________________________

# 93 狮　猫

明朝年间，宫中有群鼠，大与猫等①，为害甚剧。遍求民间佳猫捕之，反为鼠所食。适异国献狮猫，毛白如雪。投之鼠屋，阖②其扉，潜窥之。猫蹲良久，鼠逡巡③自穴中出，见猫，怒奔欲食。猫避登几④上，鼠亦登。猫下，鼠亦下。如此往复，不止百次。众咸谓猫怯。既而鼠腹硕而喘，跳跃渐迟，蹲地少休。猫疾下，抓鼠顶毛，口啮首领⑤，反复争持。猫声“呜呜”，鼠声“啾啾”。启扉视之，则鼠已为猫嚼碎矣。然后知猫向之非怯也，乃用智也。

## 注释

① 等：相等。　② 阖(hé)：关上。　③ 逡巡(qūn xún)：因有所顾忌而脚步迟缓。④ 几：小桌子。　⑤ 首领：头与颈。

## 小知识

1. 猫捉老鼠，这是正常的事。然而皇宫中的老鼠，竟然吃猫，真是胆大妄为，令人不可思议。外国进贡的狮猫不与鼠硬拼，而是用智慧战胜了肆无忌惮的老鼠。

2. 释“剧”。上文“为害甚剧”中的“剧”，解释“厉害”，“甚剧”，意为“很厉害”。又，“恶吏甚剧，任意抓人”。意为“官府的差役很厉害，随意抓人”。

3. 释“怯”。上文“众咸谓猫怯”中的“怯”，指“胆小害怕”。又，“山有虎，恒伤人，人怯之”。意为“山上有虎，经常伤人，人们怕它”。又，“无怯，贼唯一人而已”。意为“不要害怕，强盗只有一个人罢了”。

## 训 练

1 解释加点的词。

① 适________ ② 良久________ ③ 向________

2 翻译。

① 阖其扉，潜窥之

____________________

② 既而鼠腹硕而喘

____________________

3 这则寓言告诉我们什么道理？

____________________

____________________

# 94 钩刺狼腭

有屠人[①]售肉归，日已暮，欻[②]一狼来，见担中有肉，甚垂涎，随屠尾行数里。屠惧，示以刃。狼少却。及走，又从之。屠思狼所欲者肉，不如悬之树而明取之，遂钩肉翘足挂树上，示以空担。狼乃止。屠归，昧爽[③]往取肉，遥望树上悬巨物，似人缢死状，大骇。近视之，则死狼也。昂首熟视，见狼口中含物，钩刺狼腭[④]，如鱼吞饵。时狼皮贵，值十余金[⑤]。屠小裕焉。

## 注释

① 屠人：宰杀牲畜的人。 ② 欻(xū)：突然。 ③ 昧爽：黎明。 ④ 腭(è)：嘴的上膛。 ⑤ 金：此指银子。

## 小知识

1. 屠夫肩挑的余肉，不仅没被狼吞食，还获得了死狼，一举两得。这是意外的收获，真是喜出望外。

2. 释“却”。它指“后退”。上文“狼少却”，意为“狼稍微后退几步”。又，“虎见猎者，少却，寻去”，意为“老虎看见猎人，稍微后退几步，不久就离开了”。又，“无却，此犬不咬人”，意为“不要后退，这狗不咬人”。

3. 释“骇”。它指“害怕”。上文“大骇”，意为“很害怕”。又，“其人佯为鬼，无骇”，意为"那人假装是鬼,不要害怕"。又,"见庭中有蛇,大骇",意为"看到院子里有蛇,非常害怕"。

## 训 练

1 解释加点的词。

① 售________ ② 惧________ ③ 及________ ④ 遥________

⑤ 饵________

2 翻译。

① 随屠尾行数里

____________________

② 示以刃

____________________

3 这个故事告诉人们什么道理?

____________________

____________________

# 95 “寒号虫”自夸

五台山①有鸟，名曰“寒号虫”，四足，肉翅，不得飞。其粪即“五灵脂”②。当盛夏时，羽毛有花纹，色彩绚烂，美丽异常。见他鸟，则嗤之，曰：“尔无纹，又无彩，奚安能与吾比。”常骄于百鸟，自以为世上无敌。自鸣曰：“凤凰③不如我！”比深冬严寒，毛羽尽落，若雏也。百鸟见之，曰：“今如何？”寒号虫曰：“得过且过，以待来年！”

## 注释

① 五台山：山名。 ② 五灵脂：一种中药名称。 ③ 凤凰：传说中的鸟王。

## 小知识

1. 上文中的寒号虫夏天时羽毛美丽，显得十分骄傲，觉得连凤凰也不及它，而到了冬天，羽毛全部掉光，身子光光的似雏，这时它只能说“得过且过”。

2. 释“他”。它指“别的”。上文“见他鸟”，意为“看到别的鸟”。又，“此为他物，无私取”，意为“这是别人的器物，不要随意私自拿取”。又，“吾言不从，他人言则从”，意为“我说的不听从，别人说的便听了”。

## 训练

1 解释加点的词。

① 盛夏________ ② 嗤________ ③ 敌________ ④ 比________

2 翻译。

① 奚安能与吾比

______________________________

② 常骄于百鸟

______________________________

3 这个故事告诉我们什么道理？

______________________________

______________________________

# 96 叶子高好龙

叶子高好龙，钩[1]以写[2]龙，爵[3]以写龙，屋室雕纹皆写龙。人以叶公好龙视之。于是天龙闻而下之。头伸于牖[4]，尾展于堂。叶公见之大恐，弃而还走，五色无主[5]。夫叶公非好龙也，好夫似龙而非龙者也。人闻之，皆嗤其伪也。

## 注释

① 钩：衣带上的钩子。 ② 写：画。 ③ 爵：酒杯。 ④ 牖（yǒu）：窗子。 ⑤ 五色无主：形容因惊慌而脸上显现各种神色。

## 小知识

1. 叶公好龙，完全是虚张声势博取虚名。一旦真龙出现，就吓得五色无主。假的总是假的，终究会真相大白。

2. 释“夫”。上文有两个“夫”。“夫叶公非好龙也”中的“夫”是发语词，无义。后一个“夫”，“好夫似龙而非龙者也”中的“夫”既可理解为“那”“那个”，又可理解为语气词，无义。

## 训练

1 解释加点的词。

① 纹________ ② 展________

2 翻译。

人闻之，皆嗤其伪也

3 这则寓言的寓意是什么？

# 97 何氏诱兽

何氏能以吹竹管而诱百兽。吹鹿鸣，鹿至；吹狼嚎，狼至。然后射之，捕之。得兽甚多，家亦小裕焉。或求其术，方数月，尚未成，自以为成之。何氏曰："尔学吹竹管，才数月，安能进山诱兽？"其人不从，遂携竹管及弓矢入山。吹虎吼，虎果来，眈眈相向①，其人怯之，遗弓矢而遁。或曰："此乃千日之功，非数载能成。"又曰："人有特技，非常人②能成。"

## 注释

① 眈眈相向：瞪大眼看着那人。 ② 常人：普通人。

## 小知识

1. 你看过杂技表演吗？那些特技，决非一朝一夕能学会的。上文中所说的也是这个道理。

2. 释"或"。它是个多义词。上文"或求其术"中的"或"，指"有人"。又，"或曰"，即"有人说"。又，"或言亡，或言卒"，意为"有的说他逃亡了，有的说他已死了"。

## 训练

1 解释加点的词。

① 诱________ ② 术________ ③ 方________ ④ 从________

⑤ 怯________

2 翻译。

① 安能进山诱兽

____________________________________________

② 遗弓矢而遁

____________________________________________

3 写出两个与兽有关的成语。

# 98 刘仁不射虎

刘仁以猎为生，常出没于丛林。一日，持弓箭上山，见一虎，熟视之，虎后有二乳虎①，蹒跚而随。刘仁欲射之，寻②思之，若母虎死，二仔亦亡，悯其孤，遂释弓箭。虎跪地似曰："吾有二仔，待吾乳之，吾死无怨，念二仔无母养。"刘仁遂反家，谓母前之经历。母曰："人有母子之情，虎亦有之，尔之举善也，当有好报。"

## 注释

① 乳虎：刚出生的小虎。 ② 寻：一会儿。

## 小知识

1. 刘仁是猎人，以猎取野兽为生，但见到刚产仔的母虎，于心不忍，便放下弓箭，不射母虎。他母亲认为他做得对，因为人有母子之情，虎也有这种感情。

2. 释"悯"。它指"同情""可怜"等。上文"悯其孤"，意为"可怜小虎孤单无母虎喂养"。又，"是儿方八岁，父母双亡，邻居悯而抚养之"，意为"这小孩才八岁，父母亲死了，邻居可怜他，便抚养他"。又，"老人无子女，又多疾，吾悯其孤，常供其衣食"。意为"那老人没子女，又有很多疾病，我可怜他孤身一人，所以经常给他穿的吃的"。

## 训练

1 解释加点的词。

① 持________ ② 熟视________ ③ 释________ ④ 反________

⑤ 举________

2 翻译。

① 蹒跚而随

________________________________________

② 待吾乳之

________________________________________

3 你还知道哪些与虎有关的故事？请写出两个。

# 99 李氏逮狐

狐狸至狡猾，白天伏[①]于阴沟，夜间出洞噬人鸡鸭。李家之鸡鸭常被食之。百般寻思，竟得一术。李氏于阴沟两头张网，后与家人点燃柴草，于阴沟两头熏之。狐狸难于忍受，便速从阴沟遁，终为网所逮。人之智终胜于狐狸。

## 注释

① 伏：埋伏，隐藏。

## 小知识

1. 话说“狐”。狐，哺乳动物，外形略像狼，面部较长，耳朵三角形，尾巴长，毛通常赤黄色。性狡猾多疑，昼伏夜出，吃野鼠、鸟类、家禽等。居住在地洞、阴沟、土穴中，毛皮极为珍贵。

2. 释“至”。上文“狐狸至狡猾”中的“至”，指“极”，句意为“狐狸极狡猾”。又，“山至高”，意为“山极高”。又“至尊”，意为“极尊贵”。

## 训练

1 解释加点的词。

① 噬________ ② 遁________ ③ 逮________

2 翻译。

竟得一术

______________________________________________

3 写出两个与狐有关的成语。

# 100 击杀黄鼠狼

孔家养鸡一群，食以谷，饮以水，雌者日日下蛋。全家衣食无忧。然邑有野狼窃鸡，孔家被窃数只。或①教之曰："以细索②系鸡足，尔掩门伺之，手持棍棒，若野狼复来，其噬鸡而不得去，尔遽击之。"是夜，狼果来，咬住鸡而不得去。主人急以棒击杀之。时狼皮甚贵，出售之，得银五两，可谓一举两得。

## 注释

① 或：有人。 ② 索：绳子。

## 小知识

1. 野狼十分狡猾，但人有智慧，最终狼死在孔氏棍棒之下。

2. 释"系"。上文"以细索系鸡足"中的"系"，指"扎住""牵住""拴住""捆住"等。又，"此犬甚驯，主人从不系之"，意为"这狗很温顺，主人从来不拴住它"。又，"何为系其翅"，意为"为什么要捆住它的翅膀"。

## 训练

1 解释加点的词。

① 邑________ ② 掩________ ③ 遽________ ④ 是________

⑤ 举________

2 翻译。

其噬鸡而不得去

______________________________

3 写出两个与狼有关的成语。

# 参考答案

## 1. 孙叔敖杀两头蛇

**1.** ① 功劳 ② 都 ③ 曾 ④ 哭 ⑤ 原因 ⑥ 离开 ⑦ 保护 ⑧ 同“无” **2.** ① 恐怕要离开母亲而死去了。 ② 蛇如今在哪儿？ **3.** 孙叔敖从小禀性仁爱，为了他人的生存宁肯牺牲自己。（言之有理、符合题意即可）

## 2. 越人溺鼠

**1.** ① 喜欢 ② 放，装 ③ 放肆 ④ 吃 ⑤ 改换 ⑥ 终究 **2.** ① 主人对此感到忧虑。② 有人教给他一种办法。 **3.** 天下无难事，只怕有心人。对付一些类似于老鼠之类的动物，关键是要处理好细节上的问题，最好的办法就是诱捕，让其自以为是，令其自取灭亡。（言之有理、符合题意即可）

## 3. 解铃还须系铃人

**1.** ① 轻视 ② 器重 ③ 回答 ④ 恰巧 **2.** ① 法灯不用思考地说。 ② 把金铃系上去的人能把金铃取下来。 **3.** “解铃还须系铃人”用来比喻由谁引起的麻烦，仍由谁去解决。（言之有理、符合题意即可）

## 4. 盗 牛

**1.** ① 被 ② 又 ③ 回答 ④ 惊讶 **2.** ① 你为什么被拘留？ ② 牛的主人向官府告状。**3.** 自己犯了错，就应该勇于认错，承担责任，而不是寻找借口，百般辩解。（言之有理、符合题意即可）

## 5. 鹿亦有灵

**1.** ① 砍伐 ② 驯良，温顺 ③ 碰上……的时候 ④ 按规定 ⑤ 给 ⑥ 坚持 **2.** 便向李氏请求借鹿。 **3.** 我们要珍惜、善待自己拥有的一切，否则等到失去后后悔也是徒劳。（言之有理、符合题意即可）

## 6. 公孙仪不受鱼

**1.** ① 全 ② 您 ③ 回答 ④ 他们 ⑤ 买 **2.** ① 歪曲法制。 ② 门徒都认为公孙仪说得好。 **3.** 公孙仪认为接受了别人送的鱼，就欠了人情，顾虑到人情，执法就会有失公正。

这表现了公孙仪清醒自律、廉洁奉公的思想品格。(言之有理、符合题意即可)

## 7. 牧竖拾金分心

**1.** ① 赶着 ② 唱歌 ③(别人)丢失的 ④ 放 ⑤ 寻找 **2.** ① 牛羊也不时地跑掉。② 丢失金子的人想分一半报答牧竖。 **3.** 担心金子的安全,害怕金子丢失。启示:只有自己创造的东西才真正属于自己。(言之有理、符合题意即可)

## 8. 猴 弈

**1.** ① 诀窍 ② 皇帝下的文书,文中指下诏征集 ③ 比赛 **2.** 都不是它的对手。**3.** ① 从猴子失败的角度:做任何事情都不能三心二意,否则再有才能也会导致失败;② 从杨靖取胜的角度:做事要善于动脑,善于分析,抓住对手的弱点,就会有取胜的把握。(言之有理、符合题意即可)

## 9. 羔羊求情

**1.** ① 正要 ② 泪 ③ 寻找 ④ 被 ⑤ 突然 **2.** ① 安育对这一异常的现象惊讶了很长时间。 ② 没超过一个月就好了。 **3.** 示例:亡羊补牢、羊入虎口。

## 10. 诸葛恪得驴

**1.** ① 集合 ② 增加 ③ 听从 **2.** 整个在坐的人都开怀大笑。 **3.** 从这个故事中可以看出诸葛恪是个才思敏捷、善于应对、聪明机智的人。这个故事告诉我们一个道理:当我们遇到困难的时候,不要心烦气躁地面对,换一种方法或方式,就会有你意想不到的结果。(言之有理、符合题意即可)

## 11. 笼中鹦鹉

**1.** ① 养 ② 聪明 ③ 拘禁于 ④ 放走 **2.** ① 把它养在刻有花纹的笼子里。 ② 多么快乐啊! **3.** 示例:鹦鹉学舌、惊弓之鸟。

## 12. 华秋匿兔

**1.** ① 做雇工 ② 旁 ③ 背 ④ 暗藏 ⑤ 都 **2.** ① 被猎人追逐。 ② 乡里的人靠华秋才活下来。 **3.** 后群盗起,常往来庐之左右,咸相诫曰:"勿犯孝子。"乡人赖秋以活。

## 13. 黠 狼

**1.** ① 放开,撒 ② 已经,……以后 **2.** ① 狼已经啃掉了车夫身上的一块肉走了。② 就被猎人所捕获。 **3.** 乘人之危、趁火打劫。

## 14. 杀驼破瓮

**1.** ① 从前 ② 存放 ③ 头 **2.** ① 我教你一个能让骆驼头出来的方法。 ② 被世上的人嘲笑。 **3.** 这个故事对骆驼主人盲目听信他人意见的行为进行了讽刺,同时也对那个老者不懂装懂的表现进行了讽刺。(言之有理、符合题意即可)

## 15. “蛇衔草”的由来

**1.** ① 正好,恰好 ② 伤,伤口 ③ 留下来的 ④ 效验 ⑤ 说 **2.** 蛇衔草能够把已经断的手指接得跟原来一样。 **3.** ①要善于观察。②要善于借鉴。(言之有理、符合题意即可)

## 16. 鼠 画

**1.** ① 禀告,告诉 ② 偷看 ③ 刚 ④ 像 **2.** ① 把鼠画献给县官。 ② 仆人对此感到奇怪。 **3.** 县令屡次挂这幅画,画都被家中的猫弄得掉落在地;将这幅画举起来,猫会跳起来追扑画上的老鼠。猫的反应侧面表现了画的精美逼真。(言之有理、符合题意即可)

## 17. 枭与鸠对话

**1.** ① 迁移 ② 讨厌 ③ 你 ④ 还 **2.** 你将要到哪儿去(安家)? **3.** 这个故事告诫人们,对待自己的重大缺点和某些重大问题,要从根本上加以解决,不能像猫头鹰搬家那样,回避矛盾,这样问题是解决不了的。(言之有理、符合题意即可)

## 18. 赵氏治伤鹞

**1.** ① 抓取 ② 恰巧 ③ 受伤 ④ 同伴 **2.** 人如果无情无义,那就不是(有良知的)人了。 **3.** ① 动物也有情义。②人与动物应和谐相处。(言之有理、符合题意即可)

## 19. 猫 捕 鼠

**1.** ① 如果 ② 讨取 ③ 渐渐地 ④ 等候 **2.** 老鼠认为不必担忧了,又出来偷吃食物。 **3.** 示例:胆小如鼠、鼠目寸光。

## 20. 鹦鹉逮窃贼

**1.** ① 喂养 ② 一年 ③ 逃跑 ④ 又 ⑤ 恰巧 **2.** 判处窃贼守卫边疆。 **3.** 示例:做贼心虚、贼心不死。

## 21. 驴 之 死

**1.** ① 疲劳 ② 休息 ③ 做,作为,充当 ④ 听从 ⑤ 倒地 ⑥ 死 **2.** 我为什么要饲养你? **3.** 示例:黔驴技穷、驴唇马嘴。

## 22. 鹿 乳 奉 亲

**1.** ① 极 ② 恭敬地送上 ③ 如果 **2.** 乡里人对此感到奇异。 **3.** 孝敬父母是做人的本分,是中华民族的传统美德,也是法律规定子女应尽的义务。(言之有理、符合题意即可)

## 23. 钱若赓判鹅

**1.** ① 携带 ② 店铺 ③ 欺骗 ④ 告状 ⑤ 惊讶 ⑥ 完 ⑦ 一会儿 ⑧ 助词,用于句首,表示要发表言论 **2.** 众人对此感到奇怪。 **3.** 生活经验丰富,断案方法巧妙。(言之有理、符合题意即可)

## 24. 曾子杀猪

1. ① 急忙 ② 开玩笑 ③ 信任 2. ① 只不过跟小孩开玩笑罢了。 ② 这不是有成效的教育办法。 3. 家长教育孩子应该言行一致，不能信口开河。只有言传身教，才能使孩子诚实无欺。（言之有理、符合题意即可）

## 25. "的卢"救刘备

1. ① 驻扎 ② 他 ③ 害怕 ④ 趁机，趁着 ⑤奔 ⑥ 淹没 ⑦ 跳跃 2. ① 悄悄地逃出去。 ② 便过去了。 3. 示例：三顾茅庐、草船借箭。

## 26. 恨鼠焚屋

1. ① 屋 ② 都 ③ 依靠 ④ 清晨 ⑤ 睡觉 ⑥ 烧 2. ① 有一天在店铺里喝醉了酒回家。 ② 茫茫然没处居住。 3. 处理问题时要头脑清醒，不要因小失大，出现不堪设想的后果。（言之有理、符合题意即可）

## 27. 一箭双雕

1. ① 邀请 ② 穿透 ③ 对……感到惊讶 2. 希望儿子们跟长孙晟亲昵接近。 3. 比喻做一件事达到两个目的。（言之有理、符合题意即可）

## 28. 张五悔猎

1. ① 估计 ② 盖住 ③ 正巧 ④ 远远地 ⑤ 释放 2. ① 把所看到的一一告诉儿子。 ② 从此烧毁了网，永远不再打猎。 3. 动物和人一样也有感情，我们应该爱护动物，尊重生命，而不能任意杀戮。（言之有理、符合题意即可）

## 29. 斗牛而废耕

1. ① 开心 ② 根本 ③ 不 ④ 排斥、责备 2. 价格是耕牛的十倍。 3. 这个故事告诉我们使物用人应用所长，避其所短，否则废事失职。（言之有理、符合题意即可）

## 30. 张举焚猪破真情

1. ① 放(火) ② 柴草 2. 命令差役追究其中原因。 3. 在遇到棘手的难题时，不要总是把注意力局限在一处，换个角度思考问题，也许就会获得意想不到的效果。（言之有理、符合题意即可）

## 31. 张用良不杀蜂

1. ① 戳 ② 打 ③ 靠近，接近 ④ 立刻 ⑤ 马上，立刻 2. ① 用尽力气挣扎而不能摆脱。 ② 张用良被蜂的侠义精神所感动。 3. 示例：蜂拥而至、招蜂引蝶。

## 32. 阮原售糟鱼

1. ① 左右 ② 尽 ③ 方法 ④ 有人 ⑤ 只 ⑥ 婉言 2. 改草棚为瓦屋。 3. 示例：

鱼目混珠、漏网之鱼。

## 33. 鹦鹉灭火

**1.** ① 停留 ② 心中的打算,想法 ③ 远远地 ④ 烧 **2.** 你虽然有好心肠,然而有什么值得称道的呢? **3.** 帮助他人,不在于力量的大小,而在于一片诚心。(言之有理、符合题意即可)

## 34. 鸱报复公冶长

**1.** ① 理解,懂得 ② 答应 ③ 抢夺 **2.** 公冶长无话可答。 **3.** 寓意:讽刺公冶长贪得无厌、言而无信。(言之有理、符合题意即可)

## 35. 二鸿情深

**1.** ① 到达 ② 第二天 ③ 一起 ④ 领悟,明白 ⑤ 放走 ⑥ 超过,多一点 ⑦ 没有 **2.** 禽兽对爱情这样专注,胜过普通的人。 **3.** 示例:鸿篇巨制、翩若惊鸿。

## 36. 酒酸与恶狗

**1.** ① 旗 ② 之于 ③ 吗 ④ 小孩子 ⑤ 拿着 ⑥ 打酒 ⑦ 咬 **2.** 主人对酒卖不出去感到奇怪。 **3.** 人畏焉。或令孺子怀钱挈壶而酤,犬迓而龁之。

## 37. 白驴与黑驴

**1.** ① 出卖 ② 疲劳 ③ 倒下 **2.** 不多时也倒地而死。 **3.** ① 自私自利。 ② 没有和白驴互助合作、共渡难关。(言之有理、符合题意即可)

## 38. 鸟为猫所食

**1.** ① 筑巢。作动词用。 ② 正当 ③ 翻过来 ④ 放 ⑤ 抓取 **2.** 给它水喝,给它谷子吃。 **3.** 示例:照猫画虎、猫鼠同眠。

## 39. 慈鸡

**1.** ① 带领 ② 一同 ③ 好像 ④ 停 **2.** 盛的朋友因此称它为"慈鸡"。 **3.** 晨夕引雏而出,二雌并行,宛若人之洽比。

## 40. 裴旻射虎

**1.** ① 射死 ② 休息 ③ 年老的男人 ④ 欺骗,谎话 **2.** ① 你如果遇到真的老虎,没有能力射死这么多老虎的。 ② 几乎自身都保不住。 **3.** 人贵有自知之明,切不可把无知当有知。(言之有理、符合题意即可)

## 41. 县令捕蝗

**1.** ① 县官 ② 适逢 ③ 欺骗 ④ 大概,可能 **2.** 就在公文后回复他。 **3.** 他们都不负责任,推卸责任。在其位就要谋其政,不能推诿搪塞。(言之有理、符合题意即可)

## 42. 梁鸿牧猪上林苑

1. ① 遗留 ② 蔓延 ③ 问 2. ① 梁鸿把猪全部给对方作为赔偿。 ② 主人答应了他的请求。 3. 勇于担责、做事勤勉、信守诺言。(言之有理、符合题意即可)

## 43. 老马识途

1. ① 跟随 ② 同"返" ③ 住 2. 老马的智慧可以利用啊。 3. 文中故事正是成语老马识途的来历,现比喻有经验的人熟悉情况,能在某个方面起指引、引导的作用。文中人物不被现实所局限的精神值得我们学习。(言之有理、符合题意即可)

## 44. 王长寿之马

1. ① 渡 ② 痊愈 2. ① 说愿意用自己的马护送老人去就医。 ② 没几天病就痊愈了。 3. 示例:指鹿为马、天马行空。

## 45. 唐太宗吞蝗

1. ① 立刻 ② 规劝 2. 又怎么会因为害怕生病而逃避! 3. 关心人民疾苦的精神是可贵的,也是值得肯定的。(言之有理、符合题意即可)

## 46. 鹰与鱼

1. ① 嗤笑 ② 回答 ③ 也 ④ 成为 2. ① 任凭我游乐,那乐趣也无穷无尽。 ② 鹰与鱼都成了桌上的食品。 3. 示例:鱼目混珠、鱼龙混杂。

## 47. 张之万之马

1. ① 健壮优良 ② 曾 ③ 同意 ④ 坚持 ⑤ 问 ⑥ 掉下 ⑦ 等到 2. ① 张之万不同意。 ② 温顺得跟早先一样。 3. 因为军人虽识马,但他却没有摸熟马的脾气、习性,不能以其道策之。还有一个原因是这匹马忠于主人。(言之有理、符合题意即可)

## 48. 蝜蝂之死

1. ① 背着 ② 就 ③ 跌倒 ④ 有人 ⑤ 早先 2. ① 即使极其疲劳也不停止。 ② 用尽它的力气而不停止。 3. 寓意:深刻地讽刺了那些贪得无厌的贪官污吏,指出他们实际上跟文中小虫一样愚蠢,结果必然自取灭亡。(言之有理、符合题意即可)

## 49. 牛与鸭辩

1. ① 给 ② 你 ③ 悠闲自得 ④ 这 ⑤ 回答 2. 成为人们桌上的食品。 3. 示例:鸡同鸭讲、鸭行鹅步、赶鸭子上架。

## 50. 苏武牧羊北海

1. ① 惩处 ② 禀告 ③ 禁闭 ④ 地窖 ⑤ 下雨 ⑥ 边远的地方 2. ① 单于更加想使苏武投降。 ② 匈奴人认为苏武是神仙。 3. 表现出苏武"富贵不能淫,贫贱不能移、威

武不能屈”的崇高的民族气节。(言之有理、符合题意即可)

## 51. 以凫为鹘

1. ① 像人一样说话 ② 抬起 ③ 吗 2. 为什么要扔我让我吃苦头呢? 3. 不懂得发挥人的所长,是用不好人、办不成大事的。(言之有理、符合题意即可)

## 52. 灵丘老人养蜂

1. ① 死 ② 忧虑 ③ 用尽 ④ 调整 2. ① 不去看管它。 ② 只管采取它们的蜜,蜜蜂怎能不飞走? 3. 示例:蜂拥而至、招蜂引蝶。

## 53. 芮伯献马贾祸

1. ① 好 ② 满足 ③ 招致 2. ① 你没马给他们。 ② 周厉王发怒而把芮伯赶走了。3. 芮伯:居功自喜,不接受别人善意的劝告。芮季:头脑冷静,思路清晰,对事物的看法入木三分。芮伯献马贾祸告诉我们好心未必办成好事;遇事要深思熟虑、头脑冷静。(言之有理、符合题意即可)

## 54. 郭纯伪哭

1. ① 全部 ② 招来 ③ 揭穿 ④ 讥笑 2. 派官府的差役检验是否真实。 3. 主旨:抨击伪孝的虚假行为。(言之有理、符合题意即可)

## 55. 塞翁失马

1. ① 过了 ② 多 ③ 瘸,腿有毛病 ④ 变化 2. ① 马无缘无故跑到胡人居住的地方去了。 ② 年轻力壮的人拿起弓箭(武器)去作战。 3. 对待任何事物都要一分为二地看,好坏、祸福是共存的,同时好坏、祸福在一定的条件下是可以相互转化的。(言之有理、符合题意即可)

## 56. 次非斩蛟

1. ① 同“返” ② 都 ③ 完 ④ 被 2. ① 你曾经听说过两条蛟龙夹住船而船上的人能活命吗? ② 船上的人都保住了性命。 3. 敢于斩蛟除魔的勇气和自我牺牲的精神;锋利的宝剑。(言之有理、符合题意即可)

## 57. 卞庄刺虎

1. ① 正要 ② 刀 ③ 是 2. ① 卞庄认为他的话是对的。 ② 穷困的人不一定是愚笨的人。 3. 鹬蚌相争,渔翁得利。启示:我们应学习卞庄虚心接受别人的意见,善于观察,善于分析,并抓住机遇,果断行动,这样,往往能收到事半功倍的成效。(言之有理、符合题意即可)

## 58. 南人捕孔雀

1. ① 妒忌 ② 等候 ③ 被水沾湿 ④ 再 2. ① 凡是想在山上栖息时,必定先要选择有安放尾巴的地方。 ② 恐怕尾羽受到伤害,不再高飞, **3.** 这个故事告诫人们,对自己的优点不能看得太重,否则会滋长自己的骄傲情绪,甚至因小失大,好事变成坏事。(言之有理、符合题意即可)

## 59. 义犬报警

**1.** ① 到 ② 拉 ③ 跟早先一样 ④ 蹲 **2.** 后来胡民节省吃的,让他的狗吃饱。**3.** 这个故事告诉我们要懂得知恩图报。(言之有理、符合题意即可)

## 60. 猎人与猎狗

**1.** ① 惭愧 ② 买 ③ 没什么用来…… ④ 休息 **2.** 所以猎取的野兽经常超过别人。**3.** 示例:狼心狗肺、狐朋狗友。

## 61. 道士救虎

**1.** ① 水边 ② 沉入 ③ 望 ④ 舔 ⑤ 瞪大眼睛 **2.** ① 有野兽沉没在水里。 ② 为什么要救它呢? **3.** 光讲仁道,不讲是非,最终要吃大苦头。(言之有理、符合题意即可)

## 62. 黠　鼠

**1.** ① 正 ② 寻找 ③ 刚才,早先 ④ 掉下 ⑤ 动作快捷 **2.** ① 不久又发出声响。② 为什么一下子就死了呢? **3.** 最有智慧的人类,尽管可以“役万物而君之”,却难免被狡猾的老鼠所欺骗,原因全在做事时是否精神专一。专一则事成,疏忽则事败。(言之有理、符合题意即可)

## 63. 稚犬衔虎尾

**1.** ① 急忙 ② 吞吃 ③ 追赶 ④ 赶上 **2.** 老虎因为尾巴被小狗咬住。 **3.** 恶事不可妄为,弱者不可欺侮。(言之有理、符合题意即可)

## 64. 鸲鹆与蝉对话

**1.** ① 调教,训练 ② 还 ③ 低下(头) ④ 再 **2.** ① 您能像人一样说话,那很好。② 怎么能像我这样按自己的想法鸣叫! **3.** 鸲鹆听了蝉的话,意识到自己虽然能够学人说几句话,但是并没有抒发自己的心意,自己原来的想法是比较浅薄的。启发:人要有自己的见解、自己的风格,单单“鹦鹉学舌”是不行的。(言之有理、符合题意即可)

## 65. 蛛与蚕问答

**1.** ① 开水 ② 身体 ③ 回答 ④ 等候 **2.** ① 我固然是自杀。 ② 坐在那里等候。**3.** 蛛:代表利己不利世、自私自利的人。蚕:代表利世不利己、舍身为人的人。(言之有理、符合题意即可)

## 66. 岳飞大败“拐了马”

**1.** ① 强大 ② 跌倒 **2.** 不要抬头看,只管砍马脚。 **3.** 示例:岳母刺字、直捣黄龙府。

## 67. 弟释雏燕

**1.** ① 大概 ② 掉落 **2.** 你怎能长久喂养它？ **3.** 燕子是益鸟，吃害虫，并且燕子春天北上，冬天南迁越冬，不能长久饲养。（言之有理、符合题意即可）

## 68. 楚王射猎

**1.** ① 逃跑 ② 想 ③ 此指“快速飞过” ④ 安放 **2.** 那么能不能射中不是我能肯定的。 **3.** 目标太多，精力便不能集中，结果会一无所获。做事不能三心二意，要选择目标，踏踏实实地做好每一件事，否则将一事无成。（言之有理、符合题意即可）

## 69. 鲁侯养鸟

**1.** ① 从前 ② 膳食，食品 ③ 眼花 ④ 好 **2.** ① 鲁侯对此感到奇怪。 ② 不是用养鸟的方法来养鸟。 **3.** 对于不同的事物、不同的对象，应采取不同的方法，不可主观臆断，千篇一律。我们不应该束缚动物们的自由，不应该破坏动物们的生存规律。（言之有理、符合题意即可）

## 70. 小儿饲鹊

**1.** ① 渐渐地 ② 将 ③ 沿着……而上 **2.** ① 小儿追猫没赶上。 ② 有错就改，这是好人。 **3.** 这个故事告诉我们：每个人、每样事物都应处在合适的环境中。（言之有理、符合题意即可）

## 71. 对牛弹琴

**1.** ① 给 ② 竖起 ③ 来回走动 **2.** 小步走并且(仔细)听着。 **3.** 对牛弹琴比喻对不懂道理的人讲道理，是白费口舌，也常用来比喻说话不看对象。（言之有理、符合题意即可）

## 72. 小儿不畏虎

**1.** ① 水边 ② 左右，大约 ③ 立刻 ④ 触 **2.** 老虎对此感到奇怪，认为是奇异的人。 **3.** B

## 73. 人有问刘山者

**1.** ① 好处 ② 回答 ③ 迷茫的样子 ④ 一下子明白的样子 **2.** 这是在恰当的时候发声呀。 **3.** 我们要在恰当的时候发声，该说的时候要说，不该说的时候不要说。（言之有理、符合题意即可）

## 74. 长毛兔

**1.** ① 喂养 ② 都 ③ 遇到，碰上……的时候 ④ 幼小的动物 **2.** ① 每当到春夏交替的季节。 ② 邻居想用谷子来报答她。 **3.** 示例：狡兔三窟、守株待兔。

## 75. 歧路亡羊

**1.** ① 已经，……以后 ② 同“返” **2.** 为什么要很多人去追它。 **3.** “歧路亡羊”告诉人们:人生的选择太多,容易迷失自我,在学习中,要有明确的目标,这样的话,会事半功倍,不然,就会迷失方向。在研究一门学问时,一定要认准目标走下去,否则就会一无所获。(言之有理、符合题意即可)

## 76. 牧竖巧逮小狼

**1.** ① 洞　② 打算　③ 惊慌　④ 抬(头)　⑤ 叫　⑥ 那　**2.** ① 打算分别捉住它们。② 便放弃这一只小狼而奔向另一只小狼。　**3.** 狼虽是凶残之物,但故事中大狼表现出的疼爱子女的母性,也令人感动。(言之有理、符合题意即可)

## 77. 饿死狙公

**1.** ① 清晨　② 往,到　③ 果子　④ 用棍打　⑤ 栽种　⑥ 醒悟,领会　**2.** ① 我们为什么要依靠他而替他干苦活呢?　② 狙公最终饿死了。　**3.** C

## 78. 狐假虎威

**1.** ① 您　② 违背　**2.** 虎不知道百兽是怕它而奔逃的。　**3.** 这个故事告诉我们的道理是:狡猾、奸诈的人,总是喜欢吹牛皮、说谎话,靠欺骗过日子,这种人虽借外力嚣张一时,而本质却是非常虚弱的。反过来也启示人们:凡事应开动脑筋,不能被表象所蒙蔽,更不能借助他人的威势欺压别人。(言之有理、符合题意即可)

## 79. 赵人养猫

**1.** ① 讨取　② 给　③ 罢了　**2.** ① 何不赶走它呢?　② 这不是你所知道的。　③ 为什么要扔掉猫呢?　**3.** 事物都有两面性。解决问题,要抓主要矛盾、关键方面。(言之有理、符合题意即可)

## 80. 山猫嗤虎

**1.** ① 寻找　② 吃　③ 回答　④ 等候　**2.** 就钻出洞寻找老鼠吃。　**3.** 示例:照猫画虎、猫鼠同眠。

## 81. 卢仁与鹤

**1.** ① 同"蓄",养　② 温顺　③ 创伤,伤口　**2.** ① 鹤振翅飞入空中。　② 你不是我从前的伴侣吗?　**3.** 示例:鹤立鸡群、鹤发童颜。

## 82. 指鹿为马

**1.** ① 服从　② 此指牵着　③ 都　**2.** ① 周围的大臣有的说是马。　② 赵高暗中借法律惩处那些直说是鹿的人。　**3.** 言鹿者,是反对、厌恶赵高者;言马者是巴结、讨好赵高者。(言之有理、符合题意即可)

## 83. 千金买马骨

**1.** ① 寻找　② 愉悦,高兴　③ 同"返"　④ 花去　**2.** 天下的人必定认为国君您是真的

愿意买千里马。 3. 死的千里马尚且用“五百金”来买，活的千里马就更不用说了。天下人都认为国君求购千里马很有诚意，很迫切，故不出一年，千里马到了很多。（围绕“死马且买之五百金，况生马乎？天下人必以为王能市马”回答，言之有理、符合题意即可）

## 84. 画龙点睛

1. ① 谎言 ② 听从 ③ 欺骗的话 ④ 于是 2. ① 人们对此感到奇怪。 ② 一会儿雷电击破墙壁。 3. 画龙点睛常用来比喻作文、讲话时在关键处用一两句精彩的语言点明主题，使所要表达的思想更精辟传神、生动形象。（言之有理、符合题意即可）

## 85. 马 诉 冤

1. ① 也 ② 偷偷地看见 ③ 众 ④ 恰巧 2. ① 主簿对此感到奇怪。 ② 不到一天，强盗全部被抓获。 3. 示例：天马行空、走马观花。

## 86. 雁 奴

1. ① 此指“歇息” ② 等候 ③ 到达 ④ 一会儿 ⑤ 怕 2. ① 屏住呼吸悄悄地走。 ② 像这样有四五次。 ③ 拿棒打死了很多雁。 3. 雁奴几次鸣叫报警，惊起群雁观察，结果都未出现危险。（言之有理、符合题意即可）

## 87. 纥干狐尾

1. ① 惊慌 ② 到 ③ 只 2. 就拿着斧头要砍杀他。 3. 开玩笑不可以太过分，否则自找麻烦。（言之有理、符合题意即可）

## 88. 农妇治创鹜

1. ① 水边 ② 靠近 ③ 捧 ④ 十天 ⑤ 出卖 2. 有几十只野鸭子栖息在院子的树上。 3. 有付出就有回报；只要我们有善心，我们的生活会越过越好。（言之有理、符合题意即可）

## 89. 巫马其买鸩酒

1. ① 挑 ② 买 ③ 坚持 ④ 回答 ⑤ 只，只有 ⑥ 点头 2. 加上这车子与马可以吗？ 3. 巫马其不想让人因这个毒酒而受到伤害，所以倾其所有买下毒酒，将毒酒处理掉。这是为人着想的高尚行为。（言之有理、符合题意即可）

## 90. 唐太宗得鹞

1. ① 极，非常 ② 禀报 ③ 规劝 ④ 将 2. ① 私下里把鹞放在手臂上玩赏。 ② 鹞最终死在怀里。 3. 魏征看到皇上玩鹞，奏事时故意久久不停止，借此劝诫皇上不能玩物丧志（不要忘记国家大事）。（言之有理、符合题意即可）

## 91. 群 鹊 啄 鱼

1. ① 竹制的帽子 ② 仔细看 ③ 指“悄悄地” 2. ① 心神安逸地不知害怕，啄鱼跟早先一样。 ② 早先是假人，如今也是假人吗？ 3. 鹳鸟之所以被人抓住，是因为它自以为是，不善观察，不会变通。这则寓言告诉我们：大自然的万事万物都在不断变化，我们要仔细观察，千万不可以自以为是；要学会变通，不会变通的人，终究会吃苦头。（言之有理、符合题意即可）

## 92. 陈谏议教子

1. ① 驾驭 ② 踢 ③ 这 ④ 同“值” ⑤ 告诫 ⑥ 风格，风尚 2. ① 没看见这马。 ② 商人怎能养它。 3. 启示：为人处事要像陈谏议一样淳朴、忠信、宽容；己所不欲，勿施于人；做事要处处为他人着想；做事要考虑后果，不能欺骗别人。（言之有理、符合题意即可）

## 93. 狮 猫

1. ① 恰巧 ② 很久 ③ 早先 2. ① 关上门，悄悄地偷看。 ② 不久老鼠的肚子胀大了而且不停地喘气。 3. 这则寓言告诉我们：宁斗智，不斗力。避其锐气，击其惰归。敌疲我打，后发制人，是克敌制胜的一种重要策略。（言之有理、符合题意即可）

## 94. 钩 刺 狼 腭

1. ① 出卖 ② 害怕 ③ 等到 ④ 远远地 ⑤ 钓鱼时引鱼上钩的食物 2. ① 像尾巴一样跟着屠夫走了好几里。 ② 把刀子给狼看。 3. 这个故事告诉人们不要因为一些眼前的利益而掉入别人的陷阱而不自知，如果只顾一些眼前的蝇头小利，并且执迷不悟，那么将会付出惨重的代价，甚至是生命。（言之有理、符合题意即可）

## 95. “寒号虫”自夸

1. ① 大热天 ② 讥笑 ③ 匹敌 ④ 等到 2. ① 怎能跟我相比？ ② 经常在其他鸟面前显得十分骄傲。 3. 这个故事告诉我们，人活着不能目光短浅，要做长远打算。古人云：人无远虑，必有近忧。活着，就要有远大的理想，还要有脚踏实地的精神，不能得过且过。（言之有理、符合题意即可）

## 96. 叶子高好龙

1. ① 花纹 ② 伸展开 2. 人们听说后，都嘲笑他好龙是虚伪的。 3. 寓意：旨在讽刺那些表面上附庸高雅，实则庸俗怯懦的伪君子。（言之有理、符合题意即可）

## 97. 何 氏 诱 兽

1. ① 引诱 ② 方法 ③ 才 ④ 听从 ⑤ 害怕 2. ① 怎能进山引诱野兽。 ② 扔下弓箭而逃跑。 3. 示例：人面兽心、衣冠禽兽。

## 98. 刘仁不射虎

1. ① 携带 ② 仔细看 ③ 放下 ④ 同“返” ⑤ 行为 2. ① 脚步不稳地跟随(母虎)。 ② 等我用乳汁喂它们。 3. 示例：武松打虎、李逵探母。

## 99. 李 氏 逮 狐

1. ① 咬,吃　② 逃跑　③ 抓住　2. 终于获得一种方法。　3. 示例：狐假虎威、满腹狐疑。

## 100. 击杀黄鼠狼

1. ① 当地　② 关上　③ 急忙,赶快　④这　⑤ 行动　2. 狼咬住鸡而无法离开。3. 示例:狼心狗肺、狼吞虎咽。